【図解】これで仕事がうまくいく！

ビジネスマナーの基本ルール

「基本のマナー」から「できる大人の仕事術」までコレ1冊で大丈夫!

ANAビジネスソリューション株式会社──監修

成美堂出版

はじめに

飛行機の機内には、大事なビジネスの商談の前で緊張している方、久しぶりのレジャーでワクワクしていらっしゃる方など、さまざまな目的や気持ちでご利用になるお客様がいらっしゃいます。それぞれの方に快適に過ごしていただけるよう、フライトにかかわるすべての社員が、お客様ひとりひとりの気持ちを察して動くように心がけています。また、お客様が座席をリクライニングする際に後ろの席の方にひと言声をかけて、お客様同士がニコッとなさるような心温まる光景を拝見することがあります。ご搭乗のお客様がお互いに「マナー」を心がけてくださることで、機内がさらに心地よい雰囲気につつまれ、心から寛げる空間につながることを実感しています。

ビジネスの場面では、お互いが気持ちよく仕事ができるように、ビジネスパーソンならではの「ビジネスマナー」があります。ただ、一般的な「お辞儀の仕方」や「名刺交換のノウハウ」=「マナーの型」を学ぶだけでは「人の心に残る」よい印象につなげることは難しいものです。そこに「接遇」という、人と人が出会ったときに表現したい「おもてなしの心」が添えられていれば、皆様の思いやりが相手の心に伝わります。

「マナー」とは、人とのかかわりをスムーズにするためものですから、ANAビジネスソリューション株式会社では「型」だけではなく常に相手への「思いやりの心」が大切なのだとお伝えしています。

「よい仕事は、よい人間関係から」という言葉があるように、「ビジネスマナー」が自然に表現できれば、これから出会う人々と良好な関係を築き、社会人として充実した時間を過ごせることと思います。

「接遇」を育みながら、この本を常に近くに置いて、何度も何度も繰り返し「基本の型」を練習して身につけていただけると幸いです。「基本の型」が無意識にできるようになったとき、より一層相手の気持ちを考える余裕ができることでしょう。相手に心が伝わる「本物のビジネスマナー」を身につけた魅力的な人として、皆様が社会という大空で活躍されることを心より願っております。

ANAビジネスソリューション株式会社

1章

まずはここから!

社会人の基本ルール

身だしなみ

1 男性の身だしなみ …… 10
2 シャツ・ネクタイの選び方 …… 12
3 男性のカジュアルスタイル …… 14
4 女性の身だしなみ …… 16
5 女性の制服と通勤スタイル …… 18
6 ボディケア&ヘアケア …… 20
7 ビジネス小物の選び方 …… 22
8 スーツ・小物のアフターケア …… 24

あいさつと心がまえ

9 あいさつの基本 …… 26
10 姿勢とお辞儀 …… 28
11 立ち居ふるまい …… 30
12 正しい名刺交換のしかた …… 32

職場でのコミュニケーション

13 職場の人間関係の基本 …… 34
14 役職の呼称と呼び方 …… 36
15 先輩・上司との付き合い方 …… 38
16 同期・後輩との付き合い方 …… 40
17 ミスをしたときの対処法 …… 42
18 アフター5の付き合い方 …… 44

ビジネス会話

19 ビジネス会話の基本 …… 46
20 ビジネスでの言葉遣い …… 48
21 敬語の使い方 …… 50
22 間違えやすい敬語表現 …… 52
23 ビジネス慣用句 …… 54

社会人の基本ルール　理解度確認テスト　56

日常業務と社内連絡

1 始業前の準備 58
2 終業時・退社のしかた 60
3 ホウ・レン・ソウの基本 62
4 指示の受け方 64
5 依頼のしかた 66
6 日報・日誌・各種届け出の書き方 68
7 休暇・遅刻・早退・欠勤の報告 70

電話応対

8 電話応対の基本 72
9 電話の受け方 74
10 取り次ぎの方法 76
11 伝言メモ 78
12 電話のかけ方 80
13 クレーム電話への対応 82
14 携帯電話のマナー 84

来客への応対

15 お客様の迎え方・ご案内のしかた 86
16 応接室への通し方 88
17 お茶の出し方 90
18 お見送り 92

会議でのマナー

19 会議の準備 94
20 会議に参加する心がまえ 96
21 会議中のマナー 98

社内業務のマナー 理解度確認テスト 100

2章

社内で愛される！

社内業務のマナー

3章

社外で愛される!

訪問・接待でのマナー

訪問時のマナー

1 訪問の事前準備・アポイントの取り方 102
2 訪問時のルール 104
3 紹介のしかた・されかた 106
4 上司に同行するとき 108
5 社外での打ち合わせ 110
6 個人宅への訪問 112
7 和室でのマナー 114
8 手みやげのマナー 116
9 クレーム対応での訪問 118
10 出張するとき 120

接待のマナー

11 接待の準備 122
12 接待の基本 124
13 接待の進め方と食事の席次 126
14 お酒のマナー 128
15 テーブルマナーの基本 130

訪問・接待のマナー 理解度確認テスト 132

4章

上司も
取引先も納得!

ビジネス文書のマナー

ビジネス文書の基本

1 ビジネス文書の基本ルール 134
2 社内文書の書き方 136
3 社外文書の書き方 138
4 ビジネス文書の慣用句 142
5 季節のあいさつと敬称 144
6 書類送付のしかた 146

ビジネス文書活用術
7 手紙・封筒を使う 148
8 FAXの活用法 150
9 メールのルール 152
10 メールの書き方 154
11 英語でのメール送信 156

ビジネス文書のマナー 理解度確認テスト 158

5章
イザというとき慌てない！
冠婚葬祭の基本マナー

結婚式
1 結婚式・披露宴に招かれたら 160
2 ご祝儀の基本 162
3 結婚式・披露宴の服装 164
4 結婚式・披露宴当日の作法 166

お葬式
5 訃報を受けたら 168
6 香典の基本 170
7 通夜・葬儀の服装 172
8 弔問の作法 174

贈答の基本
9 お中元・お歳暮 176
10 お見舞い・年末年始のあいさつ 178

冠婚葬祭の基本マナー 理解度確認テスト 180

巻末付録

できる社会人になる！

仕事術の基本

整理術

デスクの整理術 ………… 182
書類の整理術 ………… 184
手帳の活用法 ………… 186
ビジネスノート活用法 ………… 188
情報の整理術 ………… 190
思考の整理術 ………… 192

段取り

段取りの基本 ………… 194
計画術 ………… 196
実行・進捗管理 ………… 198
時間管理 ………… 200

交渉力アップ

営業力 ………… 202
雑談力 ………… 204
プレゼン力 ………… 206

1 章

まずはここから！

社会人の基本ルール

Rule 1

清潔感ある服装で好感度アップ

男性の身だしなみ

ココがPOINT

1 | シャツの襟が汚れていないなど、清潔感が第一
2 | 最初の一着は紺系か濃いグレー系を
3 | 「個性」よりも「きちんと見える」ことが大事

オシャレと身だしなみは違うもの

学生時代とは違い、ビジネスシーンでは**オシャレな格好で個性を際立たせることよりも、きちんとした服装であることが大切**です。身だしなみはビジネスシーンでの第一印象を大きく左右します。相手に不快感を与えない、清潔感のある身だしなみを心がけましょう。シャツにはアイロンをかけ、靴は毎日磨くといった細やかな気配りも忘れずに。また、ビジネススーツは働くときに着るものですから、動きやすく機能的であることも必要です。

■ビジネススーツの上手な選び方

サイズ	色	形
胸幅や袖、足の長さなど身体にぴったりのサイズのスーツを着ると「きちんと」見える。購入するときは必ずフィッティングをしてサイズの確認をしよう。	社会人になって最初にそろえるなら、紺系や濃いグレー系など落ち着いた色味のものを。無地だけでなくストライプなども加え、3着くらいを着回すとよい。	スリムすぎるものやダブルのスーツは避け、スタンダードな形を選ぼう。初めて購入するなら、すべてのスーツの原型である英国系のラインがよい。

■男性の身だしなみのチェックポイント

まずは、しわと汚れをチェック！　前日にチェックしておくと朝慌てずに済むでしょう。

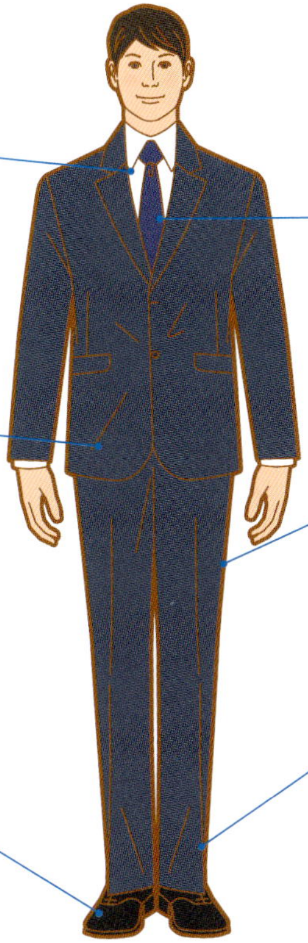

ワイシャツ
シャツにアイロンがかかっているか。袖口や襟が汚れていないか。

ネクタイ
しわがないか。曲がっていないか。ゆるすぎず、きつすぎず結ばれているか。

上着
ボタンがきちんとついているか。目立つしわや汚れがないか。ポケットにものを入れすぎて膨らんでいないか。

ズボン
きちんと折り目がついているか。目立つしわや汚れがないか。

靴
きちんと手入れされ、磨かれているか。

靴下
清潔なものか。穴が開いていないか。かかとやつま先がすれて薄くなっていないか。色は職場で履くのに適しているか。白い靴下や丈が短いものは避ける。

マナー講師の　**気遣いPOINT**

さわやかさを第一に

身だしなみは清潔感が第一。男女を問わず、社会人であれば、アイロンがけは身につけておきたいものです。朝は何かと慌ただしいので、前日から着ていく服を決め、しわがないか、汚れていないか、チェックしておくとよいでしょう。ごあいさつのときなど、足元も意外と目につきやすいものです。靴は磨いておきましょう。

Rule 2

スーツスタイルの印象を決める

シャツ・ネクタイの選び方

ココがPOINT

1 | ネクタイの色はブルー、イエロー、えんじ系から
2 | スーツと一緒に購入すると失敗が少ない
3 | ネクタイの結び方は襟の形に合わせて変える

スーツと合わせてそろえよう

どんなネクタイやシャツと組み合わせるかでスーツの印象は大きく変わります。スーツの色とのバランスもあるので、ビジネススーツに慣れるまでは、スーツを購入する際に売り場の人と相談しながらネクタイやシャツも一緒にコーディネイトして買うのがおすすめです。その後、少しずつ好みのものを買いそろえていくとよいでしょう。シャツの襟の形によってネクタイの結び方を変えたほうがよい場合もあるので、結び方も数種類覚えておくと便利です。

■選び方のポイント

シャツ

白やライトブルーの無地のシャツがビジネスシーンでは基本。そのほかの色や柄ものを選ぶ際には、淡い色のものや目立たないストライプのものを選ぶとよい。スーツと同様、サイズのぴったり合ったものを選ぶときちんとした印象になる。1週間分の5〜7枚はそろえておこう。

ネクタイ

スーツやシャツの色味と合う、派手すぎないものを選ぶのが基本。紺やグレーのスーツに合わせる場合、えんじ色や濃いブルー、イエローなどをそろえておくとコーディネイトがしやすい。柄は、ストライプやドットがおすすめ。派手な印象になりやすいので、大きな柄は控えよう。

Vゾーンのコーディネイト例

スーツの色は紺やチャコールグレーが一般的です。ネクタイはブルー、イエロー、えんじ系の色をそろえておくとコーディネイトの幅が広がります。

スーツ	濃紺
シャツ	ライトブルー
ネクタイ	イエローのドット柄

スーツとシャツが同じブルー色なら、ネクタイにはアクセントになるような明るめの色を選ぶ。

スーツ	チャコールグレー
シャツ	白
ネクタイ	えんじ系のストライプ

えんじなど赤系のネクタイはインパクトが強いのでシャツやスーツは控えめな色にしよう。

スーツ	チャコールグレーのストライプ
シャツ	白
ネクタイ	ブルー系のストライプ

スーツとネクタイをストライプにするときは、ストライプの幅を変えるとバランスよく見える。

ネクタイの結び方

プレーンノット　基本の結び方でカンタン！

結び目が小さく仕上がるため、襟の長さが細めのものやレギュラーカラーのシャツに合う。いちばんベーシックな結び方なので覚えておこう。

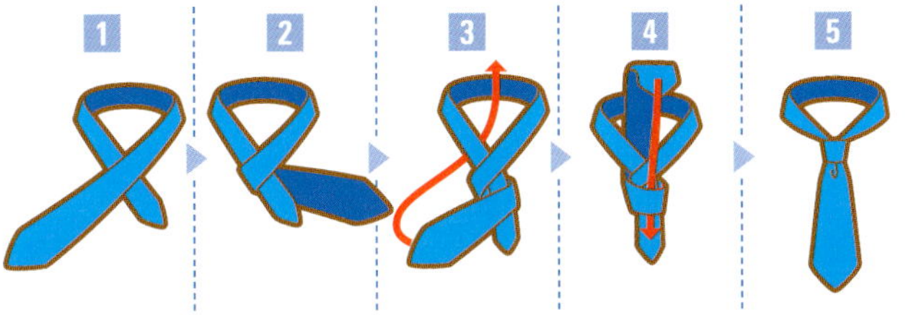

セミウィンザーノット　きれいな三角の結び目が特徴

結び目はやや大きめで、襟の開きが広いワイドカラーのシャツに合う。結び目の三角がきれいに出るので、ビジネスシーンに向いている。

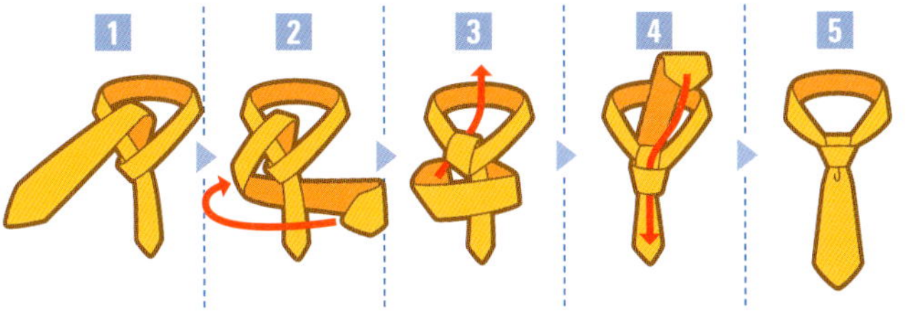

Rule 3

ラフすぎないカジュアルとは？

男性のカジュアルスタイル

ココがPOINT

1 | 靴は革素材のものがきちんと見える

2 | 周囲の先輩たちの服の雰囲気と合わせる

3 | カジュアルでも清潔感が第一

仕事の場であることを忘れずに

最近、「カジュアルな服装でもよい」という会社がありますが、**あくまでも仕事の場であることを意識した服装を心がけましょう**。たとえば、スニーカーやサンダルはビジネスシーンにはふさわしくありません。革素材のものがきちんと見えます。ジャケットやパンツも同じ理由でウール素材がおすすめです。カジュアルといっても会社によって許容範囲には差があります。最初は先輩たちの服装を参考に会社の雰囲気に合わせていくとよいでしょう。

先輩の体験談

うっかりちぐはくな格好に……

普段はラフな格好で仕事をしており、取引先などへの来訪予定があるときや、あらかじめ来客があるとわかっているときのみ、スーツを着て会社に行っていました。ところが、取引先の来訪があることをすっかり忘れていたことがあり、先輩に上着だけを借りて、接客しました。明らかにちぐはぐなおかしな格好だったので、以来、ロッカーにスーツとワイシャツを入れておくようにし、急な来客にも対応できるようにしています。（サービス業・技術職／30代・男性）

■ビジネスカジュアルの一例

きちんと見えることが基本です。もちろん、カジュアルな場合も清潔感は欠かせません。身だしなみには注意しましょう。

上着
ネクタイをしない代わりに、ジャケットのポケットにチーフを入れると、ワンポイントになりバランスが取りやすい。

ズボン
折り目がついているデザインのものを選ぶと、きちんとした印象になる。

靴
革素材のものがきちんと見える。服によってはスーツ用の靴をそのまま履いてもよい。

NG例
いくらカジュアルがOKという会社でもジーンズやスニーカーなどはカジュアルすぎるためビジネスシーンにはふさわしくない。

クール・ビズの心得

「クール・ビス」は2005年から環境省が中心となって始まった衣服の軽装化キャンペーンで、室温28度に設定したオフィスで効率的に働ける服装のことです。多くはワイシャツにノーネクタイというスタイルですが、会社によってさまざまです。ただし、取引先を訪問する際は、やはりスーツにネクタイ姿で伺うのが礼儀です。

ポイントは“さわやかさ”にあり！

Rule 4 女性の身だしなみ

ココがPOINT

1 | **清潔感のある身だしなみを心がける**
2 | **派手なアクセサリー、露出の多い服は避ける**
3 | **メイクやネイルはナチュラルなものを**

清潔で健康的な印象を大切に

身だしなみにおいては、**清潔感が大切です**。衣類には汚れやしわなどがないようにして、爪や髪なども清潔に保つよう心がけましょう。また職場においては、派手なメイクや髪形、露出度の高い服などは避け、さわやかな印象を与えるように心がけることも大切です。香りは人によって好き嫌いがありますので、香水のつけすぎにも注意しましょう。ストッキングはプレーンな肌色が基本です。黒のストッキングやタイツでもよい場合もあります。

■メイクのポイント

ナチュラルメイクが基本です。ただし、ノーメイクではいけません。清楚でさわやかなメイクを心がけましょう。

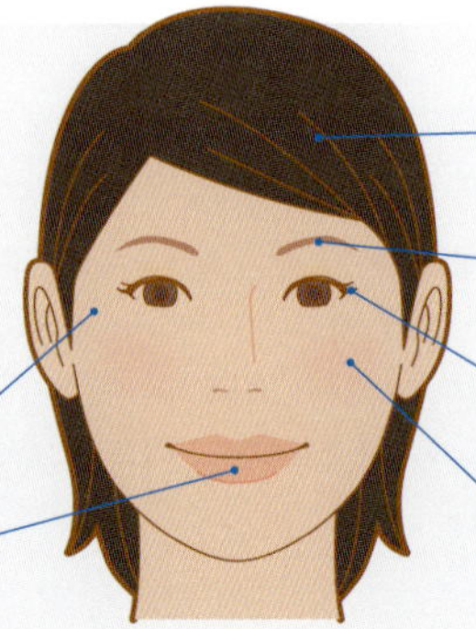

ファンデーション 肌の色によくなじむ色を選ぶ。

リップ ピンクかピンクベージュ系のものを選ぶとよい。

髪 前髪は目にかからないようにする。髪が長い場合は、仕事の邪魔にならないよう束ねる。

眉 細すぎる眉毛や、手入れをしていないボサボサ眉毛はNG。眉の形はある程度整える。

アイメイク マスカラのつけすぎ、つけまつげなどで、派手な印象にならないように注意する。

チーク ほんのりのせて健康的に。ラメ入りは避ける。

身だしなみのチェックポイント

会社に出かける前に全身を鏡に映し、「清潔感はあるか」という視点でチェックしてから出かけるようにしましょう。

アクセサリー

派手なものや仕事中邪魔になるようなデザインのものではないか。つけるならプチネックレスや小ぶりなピアス（イヤリング）など、小さめでシンプルなものを。

衣類

袖口や襟が汚れていないか。目立つしわがないか。襟ぐりが開きすぎていないか。スカートの丈が短すぎないか。

ストッキング

伝線していないかどうか。

靴

きちんと磨かれているか。ヒールのない靴など、カジュアルなものになっていないか。かかとがすり減っていないか。

NG例

ナチュラルカラーのヘアカラーは許されている場合もあるが、不自然な色は控えよう。露出度の高い服もNG。

上司のホンネ

暑くてもTPOを優先して

猛暑のある日、同じ部のデスクワークをしていた新入社員の女性が、なんとキャミソールで仕事を。「会社なのだから、キャミソールは着てこないほうがいいよ。せめてカーディガンなどをはおったら?」と伝えると「どこがいけないのですか。暑いのだから仕方ないじゃないですか」との返答。ビジネスシーンにふさわしくない服装だと納得してもらうのに時間がかかりました。お客様がいらっしゃっても失礼のない服装を常に心がけてほしいですね。（建設業・経理／50代・女性）

Rule 5

着崩さず、きちんと感を大切に

女性の制服と通勤スタイル

ココがPOINT

1 | 通勤はシンプルなビジネス向けのスーツが基本
2 | 制服はこまめにクリーニングを
3 | 制服に合わせるものは規定にしたがって

制服に着替える場合も通勤にはスーツを

制服がある会社の場合、ある程度通勤時の服装は自由度が高い場合もありますが、まずはスーツを着ていくのが基本です。会社に慣れてきたら、先輩たちの服装を見習って、少しずつ変えていってもよいでしょう。ただし、いくら自由な会社でもジーンズやサンダルでの通勤はカジュアルすぎるためふさわしくありません。**ビジネスの場にふさわしい服装**を心がけることが大切です。また制服は着崩さず、規定に従ってきちんと着こなしましょう。

■スーツスタイルのポイント

スーツは共布のジャケット、スカート、パンツをそろえておくと、着回しができて便利です。色・形はオーソドックスなものを選びましょう。丈が短すぎたり、深いスリットが入ったスカートはNGです。インナーは、色や柄が派手なものや、透けたり光ったりするものは避け、ノースリーブは襟ぐりが深すぎないものを。キャミソールはNGです。

■制服の身だしなみチェックポイント

制服を着用する際は、私服のとき以上に会社の代表であるという意識が必要です。プライベートを持ち込まないようにしましょう。

制服
サイズが合っているか。スカートのスリットや裾にほころびはないか。ボタンが取れかけていないか。スカート丈は規定通りか。スカーフやリボンの結び方は規定通りか。

ネームプレート
決められた位置にまっすぐついているか。

ストッキング・靴
規定に合うものになっているか。規定のない場合は、ストッキングはプレーンな肌色に。靴は黒や茶、紺などダークな色を選んで。ヒールは、制服にいちばん合う高さのものにする。ただし、ヒールがまったくないと、カジュアルな印象になってしまうので注意しよう。

NG例

派手なネックレスやネイルは、制服の意図に合いません。アクセサリーは控えめにして、爪も短く切っておきましょう。

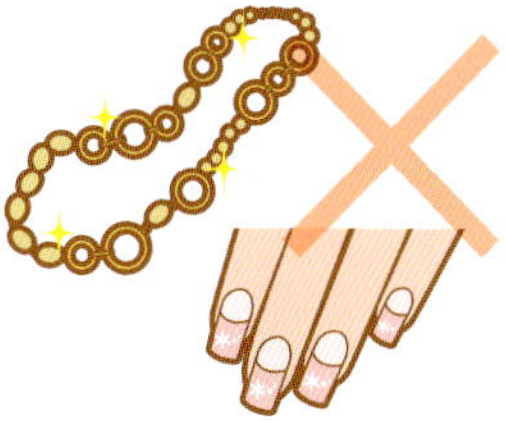

上司のホンネ

制服の足元にミュールはやめて！

私の勤務する会社は制服ですが、インナーや靴はある程度自由です。それをいいことに、派手なフリルのついたインナーを着てきたり、社内履きとして夏にミュールを履いたりしている新入社員がいます。しかも素足で、その指先には派手なペディキュアが。会社はビーチではありません。カランカランと足音も気になるし、お客様がいらっしゃったらびっくりされますよね。正直、仕事とプライベートの区別ができていないように見えてしまいます。（不動産業・経理／40代・女性）

Rule 6

さわやかさは日ごろのケアから

ボディケア&ヘアケア

ココがPOINT

1 | 頭からつま先まで「清潔第一」を心がける
2 | 無精ひげは禁物
3 | 長い髪は仕事の邪魔にならないように束ねる

身体を清潔に保つのは基本の「き」

洋服が清潔であるのはもちろんのこと、身体やヘアも清潔であることが基本です。それは、社会人としての最低限のエチケットともいえます。髪形やひげは会社によって許容範囲が異なりますが、いずれにしても無精ひげを生やしたり、明るすぎる色に髪を染めたりするのはやめましょう。どんなスーツを着ているかということ以前に、**清潔でさっぱりと整えられた髪、きちんと手入れの行き届いた肌、汚れのない爪であることなどが大切です**。

■消臭対策

体臭や口臭

体臭対策には、朝の入浴がおすすめ。また、コンパクトなスプレー式制汗剤や、ふきとりタイプのデオドラントシートを使ってもよい。口臭には、歯磨きや口臭予防のスプレー、タブレットなどで対応しよう。

靴の臭い

靴の中に新聞紙を入れ、風通しのよい場所に置いておくとよい。毎日同じ靴を履き続けないこと。ロッカーに靴用の消臭スプレーを常備しておくのもよい。入浴の際、足の指の間をていねいに洗うことも防臭に効果がある。

ボディ&ヘアケアのチェックポイント

男性

髪
- □長すぎない
- □染めていない
- □フケがない

爪
- □伸びていない
- □汚れていない

顔
- □ひげが伸びていない
- □目ヤニがついていない
- □鼻毛が出ていない
- □歯を磨いている
- □顔が脂っぽくない

女性

髪
- □髪の色が明るすぎない
- □前髪が目にかからない
- □長い髪は束ねてある
- □フケがない

爪
- □伸びていない
- □汚れていない
- □派手なネイルをしていない

顔
- □肌の手入れがよくしてある
- □目ヤニがついていない
- □ナチュラルな化粧
- □歯を磨いている

ひげのお手入れ(ウエットシェービング)

ひげのそり方には、カミソリを使ったウエットシェービングと電気カミソリを使ったドライシェービングがあります。ここではウエットシェービングを紹介します。

1 蒸らす

蒸しタオルで顔を覆ってひげを蒸らす。ひげが柔らかくなり、剃りやすくなる。

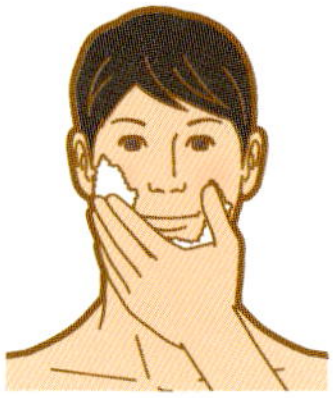

2 シェービングクリームをつける

シェービングクリームや泡立てた石鹸をひげ全体につける。

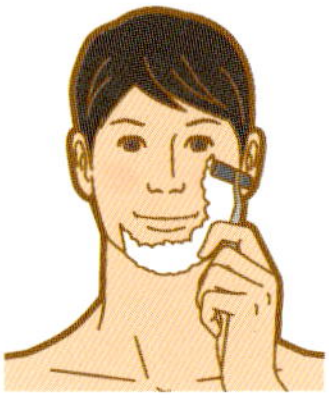

3 そる

生えている向きと同じ方向にカミソリを動かしそっていく。

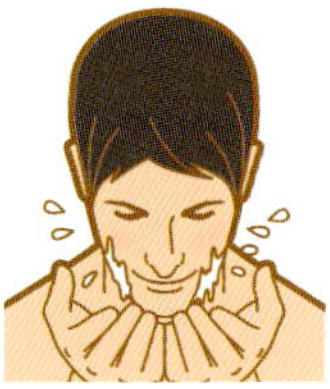

4 ローションをつける

水できれいに洗い流し、保湿ローションなどを塗っておく。

マナー講師の 気遣いPOINT

髪のヘアカラーはどこまでOKか

最近は、家庭でも手軽にできるヘアカラー製品が増えたせいか、女性も男性も髪を染めている若い人をよく見かけるようになりました。ビジネスシーンでも髪を染めている人は少なくないようです。また、業種によっては、ある程度個性的な色に染めてもよいというところもあるでしょう。ただし、中には不快に思われる方もいらっしゃいますので周囲への配慮を忘れないようにしましょう。本来の髪の色よりも少し明るめ程度の自然な色であれば、許されているところも多いようです。

Rule 7

小物まで身だしなみの一部

ビジネス小物の選び方

ココがPOINT

1 | 人目に触れる名刺入れ、手帳はビジネス用のものを
2 | 名刺入れや定期入れ、財布を兼用にしない
3 | 日ごろから手入れをしてきれいに保つ

ビジネスの場にふさわしいものを選ぶ

名刺交換の場で出す名刺入れ、打ち合わせの際にテーブルに置くことの多い手帳、筆記用具など、仕事中に使う小物は、ビジネスの相手の目に触れることが少なくありません。小物ひとつでも持ち主の印象を左右しますので、キャラクターものなどではなく、きちんと見えるものをそろえましょう。高価である必要はありませんが、毎日使うものですから、丈夫で長く使えるものを選ぶのがコツ。スーツ姿や制服などに合う小物のコーディネートを心がけましょう。

■ロッカーに入れておくと便利なグッズ

男性
- ひげそり
- 替えの靴下やシャツ

女性
- 替えのストッキング
- 髪留めやヘアゴム

男女共通
- ソーイングセット
- エチケットブラシ
- 歯磨きセット
- 靴用消臭スプレー
- 制汗剤
- 傘
- 三文判（印鑑）

自分で用意したいビジネス小物

ビジネスの場で、お客様の前で出すのにふさわしいかどうかを意識して選びましょう。

手帳

スケジュール管理がしやすく、使いやすい大きさのものを選ぼう。スマートフォンなどでスケジュール管理をする人も増えている。

筆記用具

すぐにメモできるように筆記用具は常に携帯しよう。黒いボールペンのほか、赤も用意しておくと、重要ポイントなどをマークできる。

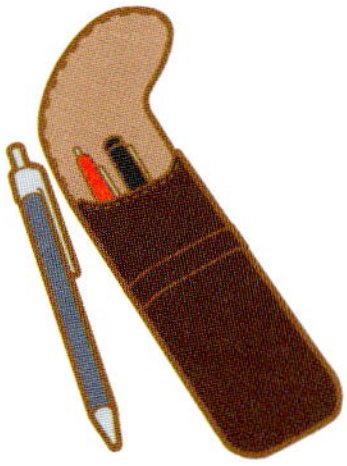

腕時計

キャラクターものやスポーツタイプのもの、派手すぎるものは避ける。腕時計をせず、携帯電話を時計代わりにするのはやめよう。

財布

レシートや小銭でパンパンに膨らまないよう、こまめに整理をすること。デザインは社会人らしいシンプルなものを選ぼう。

名刺入れ

定期入れと兼用にせず、個別に用意する。長く使えるきちんとしたものを選ぼう。ビジネスなら黒や茶色が基本。ロゴが大きなブランド物も避ける。

ビジネスバッグ

革製の手提げタイプが一般的だが、軽いナイロン製のものでもよい。リュックは会社によって認められているところもあるので確認しよう。

先輩の体験談

名刺交換もスムーズに

名刺入れを選ぶ際は、きちんとした印象のものであることはもちろん、使い勝手も重視しています。まず、丈夫であることが第一。名刺を入れるポケットがふたつあるタイプの名刺入れは、いただいた名刺と自分の名刺が分けられるので、名刺交換がスムーズになりますよ。（百貨店・販売／20代・女性）

マナー講師の 気遣いPOINT

携帯電話も見られています

携帯電話にストラップをいくつもつけていたり、個性的にデコレーションしていたり、派手な着信音にしている人がいます。個人で使うだけならよいかもしれませんが、ビジネスの場でも使うなら、ふさわしいとはいえません。携帯電話はビジネス用とプライベート用を分けると使い勝手もよくなります。

Rule 8

日ごろのケアで清潔・長持ち

スーツ・小物のアフターケア

ココがPOINT

1 | スーツは最低でも1日着たら1日休ませる
2 | 靴は毎日こまめに手入れする
3 | 革のバッグは正しいケアで美しく

仕事で使う服や小物はこまめに手入れを

スーツは最低でも１日着たら次の日は休ませましょう。**毎日同じスーツを着ていると、長持ちしません**。靴もできれば、１日履いたら１日以上休ませたいものです。スーツを脱いだ後は、すぐに次回の着用に備えて手入れをしておきましょう。脱ぎっぱなしは、しわや汚れの原因になります。靴やバッグも毎日簡単に手入れをしておくと美しく長持ちさせることができます。特に足元は意外と目につきやすいもの。ときには、靴クリームをつけて磨いておきましょう。

先輩の体験談

磨いておけばよかった

上司と初めて行った取引先は、社内土足厳禁で、玄関でスリッパに履き替える会社だったのですが、そんなこととはつゆ知らず、靴を磨いていなかったどころか、靴下のかかとには小さな穴が開いていました。上司のきれいに磨かれた靴の横に、自分の汚れた靴が並んだときは、かなり恥ずかしかったです。靴下の穴がばれないように上司の後ろをついて歩いたのですが、翌日、その上司が靴クリームと新しい靴下をプレゼントしてくれました。（製造業・営業／20代・男性）

スーツのケア

スーツはできれば3着くらいをローテーションで着たいところ。脱いだ後は必ず手入れをしましょう。

1 ポケットの中身をすべて出して、上着とスボンをハンガーにかけ、上から下へ軽くブラッシングする。

2 臭いが気になる場合は、消臭スプレーをかけて風通しのよいところにかける。

3 ズボンはプレッサーやアイロンで折り目をつける。アイロンをかける際は当て布を使いテカリ防止を。

シューズのケア

よく磨かれた靴は履いていても気持ちよいもの。ときには、靴磨きのサービスを利用してもよいでしょう。

1 靴用のブラシを使い、全体をブラッシングして汚れを取る。

2 皮革用の汚れ落とし用クリームを布に取り、全体の汚れを取っていく。

3 靴クリームを別の布に取り、靴全体につける。乾いた布で靴を磨いていく。

革のバッグのケア

毎日使っていると、革のバッグはくたびれた感じになりがちです。お手入れで、美しさを保ちましょう。

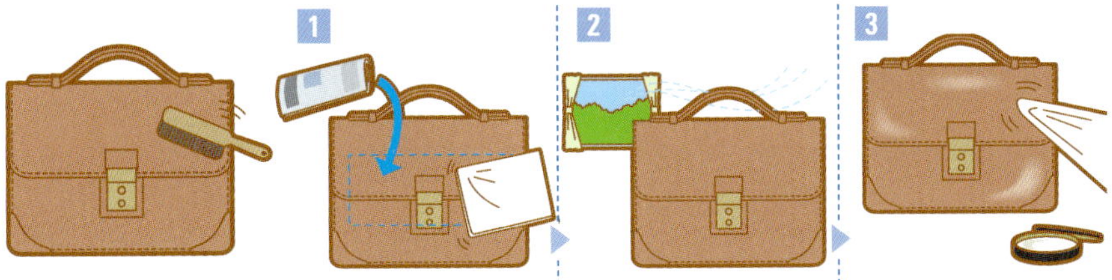

日ごろのケア

使った後、乾いた柔らかい布や専用のブラシで軽くほこりを払っておく。汚れが目立ってきたら、革専用クリーナーで汚れを落とす。

濡れたときのケア

1 乾いた布で叩くようにして水分をしっかり拭き取っていく。型崩れしないように新聞紙をバッグの中に入れる。

2 風通しのよいところに置いておく。途中、何度か新聞紙を取り替えると、早く乾く。

3 完全に乾いたら新聞紙を取り出す。革専用クリームを全体に薄く塗り、柔らかい布で拭き取って仕上げる。

Rule 9

コミュニケーションの第一歩

あいさつの基本

ココがPOINT

1 | 明るく元気な声であいさつをする
2 | あいさつは誰に対しても自分から積極的に
3 | 時間帯やTPOに合わせてあいさつを使い分ける

きちんとしたあいさつが人間関係を円滑にする

あいさつは円滑な人間関係を作る上でとても大切なものです。さわやかなあいさつができると、コミュニケーションもスムーズに進みます。社内外で、TPOに応じたあいさつがきちんとできるように心がけましょう。たとえば、通勤途中に電車やバスの中で知っている人を見かけた場合や洗面所などでは、軽く会釈をするのが一般的です。さまざまなシチュエーションでの先輩たちの行動を見て、TPOをわきまえたあいさつを覚えていきましょう。

■あいさつの基本

明るい声で

相手の目を見て、明るくはっきりとあいさつをしよう。小さな声でボソボソと言わない。

自分から

気づいた人からあいさつするのが基本。立場の上下に関係なく自分からあいさつをしよう。

笑顔で元気に

自然な笑顔をたたえた元気なあいさつは、コミュニケーションをスムーズにしてくれる。

すべての人に

他部署の人や、配送・清掃・警備などの仕事で社内にいる人にもあいさつする。

知っておきたいシチュエーション別のあいさつ

あいさつはTPOに応じて変わってくるものです。シチュエーションに合った言葉をきちんと使い分けましょう。

社内で会う人に

朝
おはようございます
11時過ぎたら
お疲れ様です

「ご苦労様」は目上の人が目下の人に使う言葉。

外出するとき

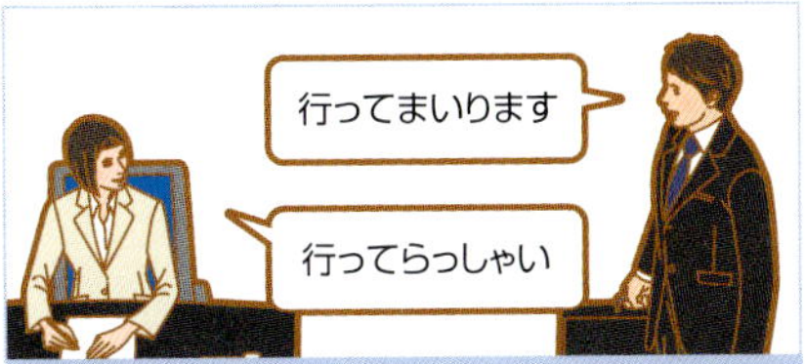
行ってまいります
行ってらっしゃい

出かけるときに何も言わずに出るのはNG。

会議室などへの入退出のとき

失礼します

何も言わずに出入りするのは禁物。

帰社したとき

ただいま戻りました
お帰りなさい

戻ったことを周囲の人に知らせるよう大きな声で。

謝罪するとき

申し訳
ございません

「すみません」はNG。

お礼を言うとき

ありがとう
ございます

心をこめて言うようにしよう。

用事を頼まれたとき

かしこまりました

話しかけられたら一旦作業を止め、相手の顔を見て話を聞いたりあいさつをしよう。

退社するとき

お先に失礼します
お疲れ様です

ビジネスシーンでは「お先に」「お疲れ」などのように省略してはいけない。

Rule 10

美しい所作は正しい姿勢から

姿勢とお辞儀

ココがPOINT

1 | 基本姿勢は、背筋を伸ばして胸を張る
2 | お辞儀は頭を下げるだけでなく腰から折り曲げる
3 | 一般的なお辞儀は身体を30°傾ける

大切なのは相手を敬う気持ち

姿勢が悪いとだらしない印象になるだけでなく、相手に不快感を与えてしまうこともあります。常に胸を張って背筋を伸ばすよう心がけ、美しい姿勢を身につけましょう。ビジネスシーンでは、相手やシチュエーションに合ったお辞儀が求められると同時に、**相手を敬う気持ちを持つことが大切**です。座ったまま、歩きながら、相手を見ながらなどのお辞儀は失礼に当たります。美しい姿勢で、心のこもったていねいなお辞儀を心がけましょう。

先輩の体験談

あいさつって意外と難しい

カウンターでお客様に接する仕事をしています。新人の頃、複数の用事を同時に頼まれ慌てていたとき、視界に入ったお客様に対して、ついつい作業を続けながら「いらっしゃいませ」とあいさつしたら、先輩に注意をされたことがあります。「あいさつするときは仕事の手を止める。その後で『いらっしゃいませ』と声をかけてお辞儀をするときちんとした印象になる」と教えてもらいました。できるようになるまで時間がかかりました。（銀行・窓口業務／20代・女性）

3種類のお辞儀

お辞儀は大きく分けて3種類あります。状況によって使い分けましょう。

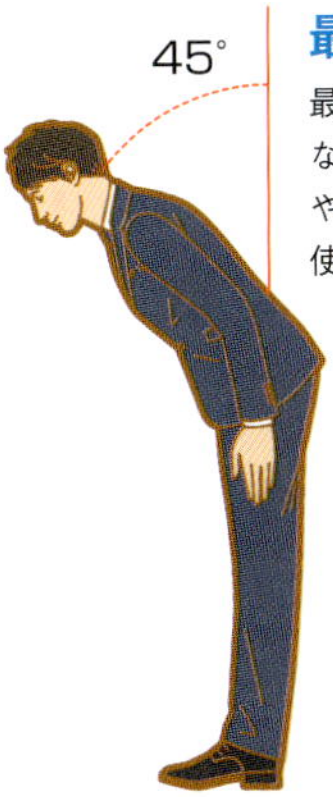

最敬礼

最もていねいなお辞儀。お礼や謝罪の際に使う。

敬礼

一般的なお辞儀。お客様を迎えるときなどに使う。

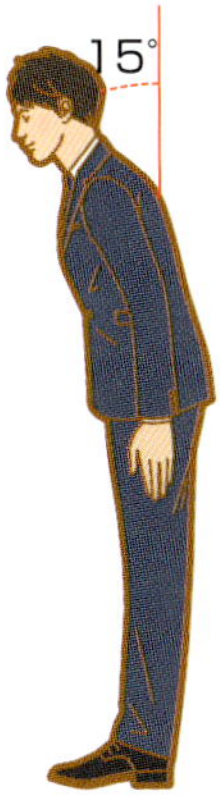

会釈

いちばん軽いお辞儀。人とすれ違うときや、朝夕のあいさつの際に使う。

基本的なお辞儀の仕方

1

歩いている場合は立ち止まって、相手の目を見る。

2

視線を自然に下ろしながら、腰から折り曲げるように頭を下げる。

3

ゆっくり体を起こし、頭を上げた後、再度、相手の顔を見る。

お辞儀をきれいに見せるコツ

- 背筋をまっすぐに伸ばす
- 腰から折り曲げ、首は曲げない
- 男性は腕を身体の脇に添わせ、女性は身体の前で両手を軽く重ねる
- 指先はそろえて伸ばす

Rule 11

周囲が見て気持ちのよい動作を

立ち居ふるまい

ココがPOINT

1 | だらだらせず、きびきびと動こう
2 | 立ったり歩いたりするときは背筋を伸ばして
3 | 貧乏ゆすりやペン回しなどのクセは直す

動作はきびきび、テキパキが大切

オフィスでは美しい姿勢やきびきびとした動作を心がけましょう。そうすることで、自分も周囲の人も気持ちよく仕事ができます。逆に**だらだらした動作は、やる気がない印象を与えてしまいます**。貧乏ゆすりやペン回し、髪をいじるなどのクセもマナー違反です。まずは「立つ」「座る」「歩く」といった基本動作をスマートに。方向を指し示すときは物やひとさし指ではなく、指をそろえて手全体で指すなど、指先まできちんと意識をすると美しい動作になります。

■書類の受け渡しの手順

1. 社内で書類を持ち歩くときは、胸に抱えるように持つ。渡す際には、胸の高さのところで両手で持つ。
2. 自分が座っている場所に相手が書類を取りに来た場合は、立ち上がって渡すようにする。
3. 相手に何の書類かわかるよう、書類の正面を相手に向け、目を見て、「どうぞ」と言葉を添えて渡す。

■スマートに見える立ち居ふるまい

「立つ」「歩く」「座る」はオフィスで最も多い動作。周囲の人が見て気持ちよいスマートな動作を心がけましょう。

立ち方

肩の力を抜いて背筋を伸ばし、両足のかかとをつけ、つま先は少し開く。男性は両手を身体の脇に、女性は両手を身体の前で重ねる。

これはNG!

背中を丸める。片方の足にだけ体重をかけて立つ。

歩き方

あごを軽く引き、背筋を伸ばす。目線はまっすぐ前に向け、歩幅を広めに歩くときびきびした動作に見える。両腕は軽く前後に振る。

これはNG!

かかとを引きずる。肩をゆすりながら歩く。

座り方

背筋を伸ばす。背もたれと、背中の間は少し開ける。女性は足を揃え、両手は膝の上で重ねる。男性は軽く膝を開き、手は指を揃えて太ももあたりに置く。

これはNG!

足を組む。背もたれに寄りかかる。

■ドアの開閉の手順

1

入室前にノックをする。ドアが開いている場合も、軽くノックすること。「どうぞ」と応答があったら、「失礼します」と言って入る。

2

入室後は、まず一礼してから、身体の向きをドアに向け、ドアを閉める。後ろ手に閉めるのはマナー違反になるので注意しよう。

3

退出するときは、室内のドアの前で室内側を向いて一礼し、部屋の外へ出る。その後、身体を室内に向けてからドアを閉める。

Rule 12

取引スタートの大切な第一歩

正しい名刺交換のしかた

ココがPOINT

1 きれいな名刺を多めに用意しておく
2 名刺は立場が下の人や訪問者から渡す
3 面談中、受け取った名刺はテーブルの上に

名乗りながら名刺を出す

名刺交換はビジネスシーンで欠かせません。たいていの仕事の取引は名刺交換から始まります。ルールに合ったスマートな名刺交換ができれば、その後の面談もスムーズに進みます。基本は**立場が下の人から、あるいは訪問者側から、先に名乗りながら渡す**こと。ただし、相手に先に出された場合は、名刺を受け取ってから「申し遅れました」とひと言添えて渡します。名刺は相手の名前が書かれた大切なものですから、ていねいに扱うようにしましょう。

先輩の体験談

間違った名刺を渡して大失敗！

新人だった頃、複数対複数の名刺交換ですっかり舞い上がり、うっかりほかの人からもらった名刺をお客様に出してしまい、相手に名前を読み上げられるまで気づかずに大恥をかいてしまいました。おまけにそのときは自分の名刺を名刺交換の途中で切らしてしまったため、相手に失礼なことをしてしまったんです。以来、名刺を出すときは、自分の名前をしっかり確認するようにして、名刺は補充用として多めにカバンの中に入れています。（保険・営業／20代・男性）

名刺交換の順番

基本

立場が下の人や、訪問した側から渡す。

訪問先の相手が複数のとき

役職が上の人から先に名刺交換する。

複数対複数のとき

役職が上の人同士から名刺交換する。

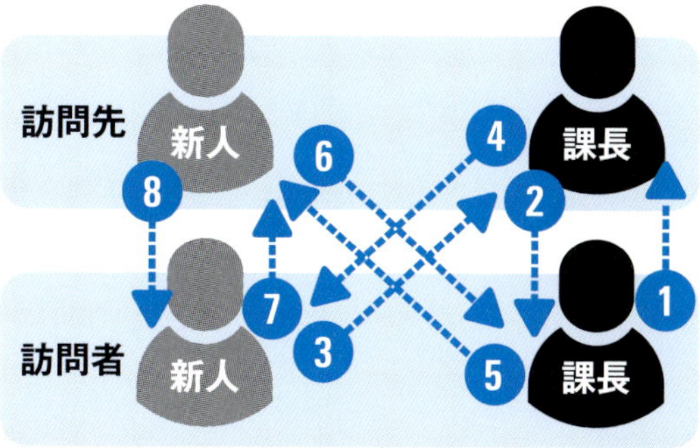

名刺交換のしかた

名刺交換の際、座っていた場合は立ち上がり、テーブルなどがある場合は回り込んで相手の正面に立ちます。また、お互いが名刺を同時に出してしまった場合は、まず左手で相手の名刺を受け取り、相手が自分の名刺を持ったのを確認したら右手を離し、相手の名刺に添えて両手で持ちます。

1 名刺は相手に見えやすい向きに

相手の正面で名刺入れから名刺を取り出し、相手が文字を読める向きにして、名前や社名が隠れないように両手で持つ。

2 名乗りながら差し出す

社名、所属部署、名前を言いながら、相手の胸の高さに差し出し、「よろしくお願いいたします」とあいさつの言葉を添える。

3 相手の名刺を受け取る

名刺を差し出されたら、会釈をして、「頂戴します」と言いながら両手で受け取る。名刺の文字やロゴに指がかからないように。

4 相手の名前を確認する

佐々木雅之さまですね。
よろしくお願いいたします。

名刺に書いてある相手の名前をフルネームで声に出して確認し、あいさつする。

受け取った名刺の扱い方

受け取ったら

名刺入れの上に重ねて持つ。名刺を持った手は胸より下に下げない。

面談中は

着席したら名刺入れにのせたままテーブルの上に出しておく。

相手が複数の場合は？

座席と同じ順番に名刺を並べておく。打ち合わせが終わるときに、重ねて名刺入れにしまう。

Rule 13

よい人間関係は自らの行動から

職場の人間関係の基本

ココがPOINT

1 | 依頼されたことは迅速に対応する
2 | 机の周りは整理整頓を心がける
3 | 始業時刻の5分前には仕事が始められる状態に

組織の一員としての自覚を忘れずに

会社はさまざまな世代の人が働くひとつの組織です。個人であっても、入社した以上、周囲の人からは、「○○会社の××さん」という見方をされます。つまり、組織を代表する一人であり、その組織の一員なのです。**組織の一員としての自覚を持ち、行動する**ようにしましょう。社内において大切なのは、まずは円滑な人間関係を作ることです。そのためには日ごろの自分の態度を見つめ、周囲の人のことを考えて行動することが大切です。

■勤務中の心がまえ

勤務時間に私用をしない

携帯電話のメールチェックや、無断での私用の外出はＮＧ。会社のメールは私用で使わない。

会社の備品を私用で使わない

会社のコピー機で私用で使うもののコピーを取ったり、会社の電話機で私用電話をしてはいけない。

デスク周りはきれいにする

デスクの上や周りは常に整理整頓を心がける。デスクの上に仕事に関係のない私物を置くのもやめよう。

休憩は決められた時間内で

たとえば13時までが休憩時間であれば、13時から仕事ができるよう5分前を目安にデスクに戻る。

良好な人間関係を作るポイント

約束は守る

ビジネスで人と付き合うときには信頼関係が重要。納品日やミーティングの時間など約束は必ず守ろう。ひとつひとつの約束を守ることで強い信頼関係が結ばれていく。

笑顔&あいさつを忘れずに

社内で毎日会う相手に対してもあいさつをしっかりするなど、礼儀正しくふるまうようにしよう。感じのよい笑顔は人間関係の潤滑油。笑顔を忘れないようにしよう。

人の話に耳を傾ける

ビジネスシーンでは自己中心的であっては成長しない。相手の話に耳を傾け、相手の意見や考え方を理解したり、自分から歩み寄る姿勢を持つよう心がけて。

公平に人と接しよう

自分の好き嫌いなど、感情をビジネスに持ち込まないようにしよう。誰とでも分け隔てない態度で公平に接することができれば、一人前のビジネスパーソンといえる。

NG例

こんな行動はNG!

- ✕ 上司や先輩にペコペコして媚(こび)を売る。
- ✕ 遅刻や欠勤が多く、服装がだらしない。
- ✕ 自分のミスを他人のせいにする。
- ✕ 人前でミスを指摘するなど、他人に恥をかかせる。

上司のホンネ

わかっている子は伸びる!

新入社員の中でも、仕事に直接関係ないことは昼休みや勤務が終了してからする（飲み会の連絡、出産した社員へのお祝い相談など）という区別がきちんとできる人、先輩から少しからかわれてもムキになったりせず冷静に対処しているような人は、やはり成長が早いなって思いますね。（メーカー・営業／30代・女性）

先輩の体験談

ていねいさはバランスが大事!

お客様に対する言葉遣いを意識すると同時に、同僚や上司への言葉遣いもていねいにするようにしたら「言葉がきれいだ」と褒められるようになった。そして、敬語を正しく用いながらも、親しみやすく接するよう心がけることで、人間関係がよくなり、仕事もスムーズに進むようになってきたと思う。（商社・営業事務／20代・女性）

Rule 14

「○○課長さん」でいいの？
役職の呼称と呼び方

ココがPOINT

1 | 上司は"さんづけ"か役職名をつけて呼ぶ
2 | 同僚や後輩は"さんづけ"で呼ぶ
3 | 外資系企業と日本の企業の役職の違いを知ろう

上下関係をしっかり頭に入れよう

会社では役割によって役職が決まっています。一般的には、役職が上になるほど権限が大きく責任も重くなります。ビジネスシーンにおいて大切なのは、目上の人を敬う気持ち。役職名を間違えるのは名前を間違えるのと同じことです。また、社内と社外では呼び方が変わります。たとえば、社内では「山本課長」と呼んでいても、社外では「弊社の山本が」というように呼び捨てにします。目上の人を敬い、さらに社外の場合は社外の人が最上位と考えましょう。

■同僚・後輩の呼び方

同僚も後輩も基本的には名字で「○○さん」と呼びます。女性で同僚の男性を「○○くん」と"くんづけ"にしているのを耳にしますが、これはNGです。

○○さん → 同僚
○○さん → 後輩

NG例
○○くん✕
女性 → 男性の同僚

同僚の男性であっても「○○さん」と呼ぶのがマナー。

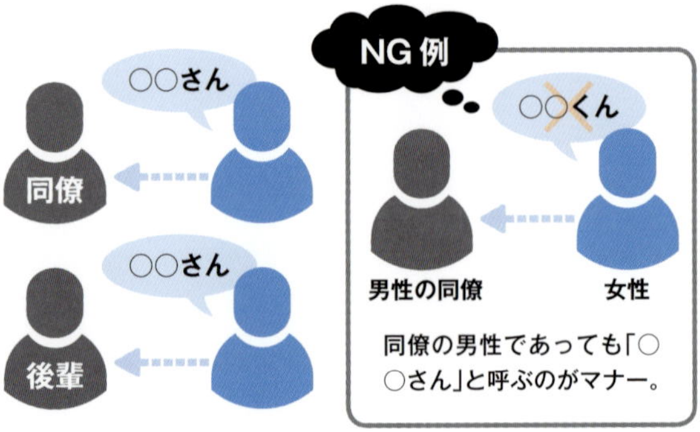

上司の呼び方

会社での上司の呼び方は、シチュエーションによって変わります。たとえば、役職名のある上司であっても、社外の人に対して話す際は役職名をつけません。「ただいま田中は外出しております」のように言います。右は社内での呼び方です。

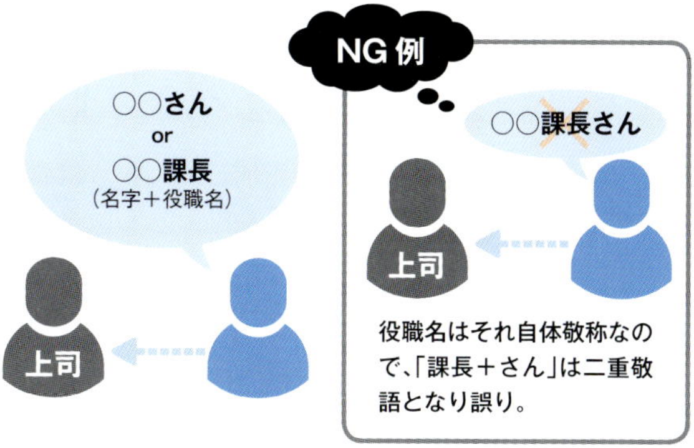
○○さん
or
○○課長
(名字＋役職名)
上司
NG例
○○課長さん
上司
役職名はそれ自体敬称なので、「課長＋さん」は二重敬語となり誤り。

役職の呼称と序列

下記は一般的な役職の呼称と序列です。上にいくほど序列も上になります。ただし、会社によって独自の序列にしている場合もあります。

一般企業

会長	一般的に取締役会の長で、前社長の就任が多い。名誉職の場合と代表権を有する場合がある。
社長	会社のトップで、代表権がある。代表取締役を社長と呼ぶ企業が多い。
副社長	社長の直下にあたる役職で、社長を補佐する。複数いる場合もある。
専務	社長を補佐する役員。会社経営や業務全般を管理する場合が多い。
常務	社長を補佐する役員。会社の日常的な業務を管理する場合が多い。
部長	一般的には複数の下位組織を束ねた部をまとめる長。
次長	部長を補佐する役職で、部内の運営実務を担う。
課長	一般的には組織の一部門である課をまとめる長。
係長	課長を補佐する役職で、現場での処理、管理の監督的役割を担う。
主任	役職のひとつだが、管理職には当たらないことが多い。

外資系企業

最高経営責任者(CEO) Chief Executive Officer	日本の社長や会長。
最高執行役員(COO) Chief Operating Officer	日本の副社長。
最高財務責任者(CFO) Chief Financial Officer	COOと並び、CEOに次ぐ執行役のナンバー２。日本の副社長。
ディレクター	英語では部長を意味するが、日系企業では次長クラス。
シニアマネジャー	英語では次長を意味するが、日系企業では次長と課長の中間。
アソシエイト	日系企業では課長と係長の中間。

Rule 15

礼儀正しく、よりよい関係を

先輩・上司との付き合い方

ココがPOINT

1 | 仕事を見習い、よい点を吸収する
2 | 相談は相手の都合も考え意見をまとめた上で
3 | 仕事上の注意・指導はアドバイスと捉える

礼儀正しく接することを心がける

会社の先輩や上司とは円滑な人間関係を築くことが大切です。ただし、**なれ合いは禁物。あくまでも礼儀正しく**接し、ビジネスパーソンらしい信頼関係を作るようにしましょう。信頼関係を築くにはまずは仕事に真剣に取り組むことが基本。また、先輩や上司からの注意や指導は、相手が自分のために時間を割いてアドバイスをくれる貴重なものです。仕事上で相談したいことがある場合にも、相手の都合を考えて行動するように心がけましょう。

■上司や先輩への上手な相談の手順

1	2	3	4
不明点をまとめる	**対処法を考える**	**相手の都合を聞く**	**結果を報告する**
仕事の上で、わからない点や判断に迷っている点など、あらかじめ整理して相談したいことをメモにまとめておく。	すべてを聞くのではなく、自分なりの対処法や解決策を考えておき、それに対するアドバイスをもらう。	忙しそうなときを避けて、「今、お時間よろしいでしょうか？」などと相手の都合を聞いてから話を切り出す。	相談した相手には、アドバイスをもらって行動した後に、どうなったかの結果をきちんと報告する。

■上司や先輩とよい人間関係を作るための6カ条

上司や先輩と円滑な関係を築いていくためには、常日ごろからよりよい関係を作る努力が必要です。次の6カ条は最低限心がけるようにしましょう。

第1条　仕事は前向きに取り組むべし

仕事には積極的に取り組み、タイミングよく報告・連絡・相談をする。

第2条　上司や先輩は敬うべし

目上の人を立て、礼儀正しく接する。

第3条　意見は冷静に述べるべし

意見は、感情的にならず、冷静に論理的に述べる。自分の意見に固執しない。

第4条　注意・指導はアドバイスと捉えるべし

上司や先輩からの注意は自分を成長させるアドバイスと捉える。

第5条　陰口を叩くべからず

陰口は厳禁。意見がある場合は、直接本人に言う。

第6条　仕事を見習うべし

上司や先輩の仕事ぶりで、よい点はどんどん吸収するようにする。

上司のホンネ

向上心が強いとこちらも力が入る

若手には何事にも素直に向き合う姿勢を持っていてもらいたいものです。さらに、向上心が高く、助言を吸収して自分のものにするために貪欲に質問と確認を繰り返す若手だと、自然とこちらも力が入ります。自分が学ぶべき点もいろいろありますし、まさに正のスパイラルと言えますね。（製造・営業管理／50代・男性）

先輩の体験談

相談してお互いにすっきり

自分だけで解決しようとしていた仕事上の問題や悩みを、思い切って上司に相談しました。自分の気持ちがすっきりしてよかったのですが、上司からも「君が何を悩んでいるのかがわかってよかった。打ち明けてくれてありがとう」と後で言われました。相談してよかったです。（商業・営業／20代・女性）

Rule 16

親しき仲にも礼儀ありと心得て

同期・後輩との付き合い方

ココがPOINT

1 | 親しい同期でも勤務時間中は礼儀をわきまえる
2 | お金や仕事で貸し借りを作らない
3 | 後輩へは自分が手本になるつもりで接する

親しくても公私のけじめはつける

同じ時期に入社し、苦労をともにしてきた同期は、ほかの社員以上に親しくなるもの。しかし、**就業時間内にあだ名で呼び合うことや、プライベートな話をするのは禁物**です。仕事でもなれ合いだと思われる可能性があります。同じ職場の仲間、ともに働くチームの一員という意識を持ち、もたれかかりすぎずに助け合ってよい関係を築きましょう。また、後輩が入ってきたら、自分が新人だったときのことを思い出して、お手本になるつもりで接するのが基本です。

先輩の体験談

お客様の前で友達口調はやめて！

いくら仲のいい同期であっても、仕事中は友達口調やラフな言葉遣いは控えるべきだと思います。会社は仕事をするところで、遊びに来ているのではないはずです。会社にいる間、特にお客様のいる場所では気をつけてほしいですね。「昨日、●●ちゃんが作っていた資料あったじゃん。あれ、持ってきて」とお客様の前で言われたときは、穴があったら入りたいくらい恥ずかしかったです。お客様に対してもとても失礼だと思いました。（広告・デザイナー／30代・女性）

■同期との付き合い方

礼儀をわきまえる
「親しき仲にも礼儀あり」。親しい同期にも、先輩や上司と同じようにあいさつをする。お世話になったらお礼を言い、迷惑をかけたらきちんと謝ろう。

公私のけじめをつける
親しい間柄でも、就業中は「田中さん」のようにけじめを持って名字で呼び合う。仕事中にプライベートな話をするのもやめよう。

助け合う
同期は会社でのスタートが同じで、切磋琢磨しながらともに成長できる仲間。助け合い、励まし合いながら仕事をしよう。

借りを作らない
お金の貸し借りはできるだけ控える。また、いつもどちらか一方が仕事を手伝ってもらうだけなど、仕事上の借りも作らないようにしよう。

> **NG例** ✗ **特定の同期としか付き合わない**
> すべての同期がともに働く職場のよき仲間。気の合う同期とだけ親しくするなど、個人的感情で接し方を変えるのはやめよう。

■後輩との接し方・指示の出し方

積極的に声をかける
職場に早く慣れてもらうためにも、後輩には積極的に話しかけ、自分から進んでコミュニケーションをとる。

長い目で見守る
自分が新人だった頃のことを思い出し、後輩の仕事にイライラしたり、口出ししたりしない。ミスは責めるのではなく、改善方法を一緒に考えよう。

指示は明確に出す
指示は要点を押さえて具体的に出すようにする。ある仕事の一部を頼む場合でも、全体の話をして、どこの部分を頼んでいるか明確に伝えよう。

お手本になる行動を
後輩は周囲の人の仕事ぶりを見て覚えようとする。後輩のよい手本になれるよう、自分自身の仕事の仕方を見直していこう。

> **NG例** ✗ **ほかの後輩と比較する**
> 注意する際は、よい点をほめ、悪い点は具体的に指摘することを心がける。頭ごなしに叱ったり他の人と比較するような言い回しはやめよう。

Rule 17

迅速な対応が最大の解決方法

ミスをしたときの対処法

ココがPOINT

1 | ミスをしたら、すぐに上司に報告、謝罪する
2 | 上司に指示を仰ぎ、迅速に適切に対処する
3 | 謝罪する際は誠実に。言い訳は禁物

ミスはすぐに報告、誠意を持って謝罪を

社会人になると、自分の行動による周囲への影響が学生時代とは違い大きくなります。仕事でミスをした場合、影響が最小限で済むように迅速な対応を心がけなくてはなりません。まずは**ミスがわかった時点ですぐに先輩や上司に報告し謝罪**します。さらに対応の指示を仰ぎ、適切に対処するようにします。絶対に隠してはいけません。事態が落ち着いたら、今後どうすればミスが防げるかを考えるとともに、ミスを挽回するつもりで仕事に取り組むことも大切です。

■覚えておきたい謝罪の言葉

「申し訳ございませんでした」
「大変失礼いたしました」
「早速対処します」
「私の力不足で申し訳ございません」
「今後十分注意いたします」
「私の注意不足でご迷惑をおかけいたしました」
「いろいろとお手数をおかけいたしました」

■ミスに気づいたときの対応法

気持ちを落ち着ける
パニックになったまま対応すると、事実が正確に伝えられない。深呼吸をして気持ちを落ち着けよう。

▼

すぐに上司に報告する
包み隠さず上司に報告して指示を仰ぐ。その場しのぎの嘘は、新たな問題を引き起こすだけと心得よう。

▼

誠意を持って謝罪する
言い訳をせずに謝罪する。釈明したい場合は、事態が落ち着いてから申し出よう。

▼

原因を究明する
同じミスを繰り返さないために、ミスの原因を確かめ、ミス後の対応とともに記録に残しておく。

▼

仕事で挽回する
挽回するつもりで仕事に取り組み、ミスを次に生かそう。失敗を乗り越えてこそ、成功にたどりつける。

■取引先にお詫びに行くときの注意

謝罪に行く際は「誠意をこめる」ことが重要。謝罪の気持ちは服装から表します。ごまかしたり、言い訳をするのは見苦しく、不誠実な印象を与えてしまいます。最敬礼でお辞儀をして、誠心誠意謝罪をしましょう。(詳しくはP.118参照)

注意点

- きちんと見えるスーツスタイルで
- 相手が感情的になっても冷静さを保つ
- お辞儀は常に最敬礼で
- 上司が一緒の場合は上司より一歩下がって上司の行動にならう

上司のホンネ

ビジネスに涙は禁物です

以前、部下に厳しく注意をしたところ、泣き出してしまったことがあります。たとえ叱責されても、上司や取引先の前で涙を見せることは恥ずかしいことです。申し訳ないという気持ちからであっても、泣くことは謝罪にはなりません。かえって幼稚な人間だと思われてしまいますよ。(情報通信・システム開発／50代・女性)

先輩の体験談

自分で対処して大失敗

直属の上司が不在の間に起こった接客トラブルを自分だけで解決しようとしたがうまくいかなかった。結局、さらにお客様を怒らせてしまって、後で上司に頼って迷惑をかけてしまった。ほかの先輩や部長に相談して対応していれば、事は大きくならずに済んだはず。(デパート・販売業務／20代・女性)

Rule 18

よりよい人間関係を作る潤滑油

アフター5の付き合い方

ココがPOINT

1 | 誘われたら積極的に参加する
2 | 飲みすぎて迷惑をかけない
3 | 断るときはきちんと理由を伝える

アフター5は親交を深めるチャンス

会社に入ると、仕事の後、先輩や上司に「ちょっと飲みに行くか？」と誘われたり、部内で親睦会が開催されることも少なくありません。**アフター５の飲み会等は、人間関係を親密にする絶好のチャンスです**。人脈を広げることができ、普段社内で聞くことのできない貴重な話が聞けるかもしれません。誘われたら、無理のない範囲で参加するようにしましょう。飲みすぎには注意し、先輩や上司にお酌するなど心配りも忘れずに。勘定は割り勘が基本です。

■いろいろある、会社の飲み会のメリット

社内の飲み会や、上司からの誘いには多くのメリットがあります。誘われたら、できるだけ参加してみましょう。

飲み会のメリット

- 上司と直接話しができ、自分を知ってもらえる絶好のチャンス
- 普段聞けない仕事の裏話が聞けることも
- 経験豊富な上司の人生訓が聞ける
- 部内であまり話す機会がない人とも交流ができる
- 上司がほかの会社や他部署の人を連れてくる可能性も（人脈構築のチャンス）

■酒席での立ち居ふるまい

酒席での立ち居ふるまいのマナーを押さえ、楽しく有意義な時間にしましょう。

- 若手社員は上司や先輩にお酌するのが礼儀。役職の高い順にお酌を。
- 上司からお酒を注がれたら「ありがとうございます」とお礼を言おう。
- 自制がなくなるまでお酒を飲みすぎないようにしよう。
- お酒が飲めない場合は飲まなくてよいが、乾杯の際には軽く口をつけよう。
- 上司から「今日は無礼講」と言われても、礼儀はきちんと守ろう。友達口調はもってのほか。
- 会がお開きになった後、上司や幹事に「今日はありがとうございました」のひと言を忘れずに。
- 勘定は割り勘が基本。ごちそうになった場合は、お開きになった直後と翌朝に「ごちそう様でした」「昨日はごちそう様でした」と忘れずにお礼を言おう。

■上手な断り方

誘いを断る場合は、きちんと理由を添えて「また次の機会にご一緒させてください」などと断りましょう。ただし、理由はなるべく当たり障りのないものにします。「今日はちょっと……」だけでは、いやがっている印象を与えかねません。

断り方の例

- 「実は習い事をしておりまして、今日は月に一度のお稽古の日なので……」
- 「家族が体調を崩しておりまして……」
- 「ここしばらく、体調がすぐれないので……」

etc.

上司のホンネ

新人歓迎会で携帯はやめて

新人歓迎会の席なのに、ずっと携帯電話をいじってメールを打っている新入社員にびっくり。ちょっと見る目が変わってしまった気がします。なんだかもったいないですよね。自分が主役の酒席なんですから、マナーモードにしてカバンの中に入れておくのがマナーだと思います。（製造・総務／30代・女性）

先輩の体験談

飲み会参加で仕事が円滑に

就業時間が終わってまで会社の人たちと顔を合わせたくないと思って、アフター5の飲み会（先輩・上司ばかりの）は参加していませんでした。でもある時期に、思い切って参加するようにしたら、社内での顔見知りが増え、さまざまな仕事が円滑に進むようになりました。（銀行・営業／20代・男性）

Rule 19

円滑なコミュニケーションの要

ビジネス会話の基本

ココがPOINT

1 | 明るく、わかりやすく、はっきりと話す
2 | 相手との円滑なコミュニケーションが重要
3 | 呼称などで失礼がないよう気をつける

円滑にビジネスを進めるための最重要ツール

ビジネス会話は、商談をまとめるなどの目的を達成するために行われます。目的達成に向け、まずは相手の言い分をしっかり理解した上で、言いたいことをはっきり伝えることが大切です。しかし、お互い感情を持った人間ですから、言いたいことを直截（ちょくせつ）に言い合うだけでは、関係がギスギスしてしまいがち。そのために、**話し合いを円滑に進めるためのマナーや独特の言い回しがある**のです。まずは、話し方の基本的なポイントや失礼のない呼称を覚えましょう。

■好感を持たれる話し方のポイント

明るい態度で話す
話をきちんと聞いてもらうには、話し手の態度も大切。相手の目を見て、明るい表情で。

聞き取りやすいトーンで
相手が聞きやすい大きさの声で、ハキハキと。小さすぎたり早口にならないよう注意する。

結論を簡潔に
イエス／ノーなどの結論をはっきり伝えることが重要。あいまいな表現は避けよう。

相手の理解度に合わせて
専門用語や外来語の使いすぎはNG。相手がわかりやすい言葉を使うよう心がけよう。

■人と会社の呼び方（呼称）の使い分け

ビジネスの場では、目上の人や取引先に敬意を示すため、その場の状況や話す相手に合わせて呼称を使い分けます。決まった呼び方もあるので、覚えていきましょう。

	自社内で		社外で（相手の会社で）
	自分の部署で	他の部署で	
直属の上司（◎◎課長）	◎◎課長※、課長（姓＋役職名、もしくは役職名）	◎◎、◎◎課長※（姓を呼び捨て、もしくは姓＋役職名）	課長の◎◎（役職名を先に出し、姓を呼び捨て）
同じ部署の先輩・後輩（○○）	○○さん（役職についていない場合は男女ともに「さん」づけ）	○○、○○さん（姓を呼び捨て、もしくは「さん」づけ）	○○（姓を呼び捨て）
他の部署の役職者（●●部長）	●●部長※（姓＋役職名）	●●部長※（姓＋役職名）	部長の●●（役職名を先に出し、姓を呼び捨て）
他社の人（□□）	△△社の□□様、□□さん（「様」づけ、もしくは「さん」づけ）		□□様、□□さん（「様」づけ、もしくは「さん」づけ）
他社の役職者（■■部長）	△△社の■■部長（姓＋役職名）		■■部長、部長の■■様（姓＋役職名、もしくは役職名を先に出し、姓＋様）

※会社によってはすべて「さん」づけのことも。その場合は社内の慣例に従う。

■自称と他称の使い分け

	自分側	相手側
個人	わたくし	□□様、そちら様
会社	弊社、当社、わたくしども	御社、貴社、□□会社様
複数人	わたくしども、○○一同	そちら様、□□ご一同様
同行者	同行の者	お連れ様、ご同行の方

先輩の体験談

商談中にニックネームがポロリ

私の部署はみな仲がよくて、お互いに「ちゃん」づけやニックネームで呼び合っていました。あるとき、先輩と商談に訪れた先で、うっかり「ケンさん」と呼びかけてしまい、その場が気まずい雰囲気に……。それからは反省して、社内では姓に「さん」づけで呼ぶようにしています。（メーカー・営業／20代・男性）

マナー講師の 気遣いPOINT

相づちにも心をこめて

「はい」「なるほど」など、相手の話を真剣に聞いていることを表現し、話を促す「相づち」は、会話をスムーズに進めるために大切です。ただし、ずっと「はい」だけでは、反射的に言っているのではないかと思われかねません。「そうですね」「私もそう思います」など、バリエーションを持たせ、心をこめて言いましょう。

Rule 20

敬意を示す言葉遣いをマスター

ビジネスでの言葉遣い

ココがPOINT

1 | ビジネスの場では、くだけた話し方は慎む
2 | 若者言葉は使わない
3 | 間違った敬語やふさわしくない話し方に注意

社会人にふさわしい言葉遣いを

ビジネスの場では、友人と話すときのフランクな言葉遣いや話し方は通用しません。公私の区別をつけるためにも、「ビジネス会話モード」に切り替えるよう意識づけをしましょう。甘えた話し方やくだけた表現はもちろん、何が言いたいのかわかりにくい、あいまいな言葉遣いも厳禁です。さらにビジネスシーンでは**相手に敬意を示す言葉遣いが求められます**。「若者言葉」や「バイト敬語」などに注意し、社会人にふさわしい言葉遣いを心がけましょう。

■若者言葉は使わない！

「マジ」などの若者言葉が職場でうっかり出てしまわないよう注意しましょう。

✕「マジ」「マジで？」
✕「超○○」
✕「ヤバイ」「ヤバっ！」
✕「ありえなくない？」
✕「〜っていうか」
✕「〜っすか？」
✕「〜みたいな？」
✕「〜じゃないですかぁ」

マジでヤバくないっすか？
せんぱい！

■ビジネスの場にふさわしくない話し方

バイト敬語

「～のほう」
方向を示さない「～のほう」には意味がないので、つけない。

✕ お荷物のほう、お預かりします。
○ お荷物をお預かりします。

「～になります」
意味のない「なる」を使いがちだが、「～です」「～でございます」としよう。

✕ こちらが弊社の資料になります。
○ こちらが弊社の資料です。

「～でよろしかったでしょうか」
「よろしいですか」を過去形にして使う必要はない。

✕ コピーは3部でよろしかったでしょうか？
○ コピーは3部でよろしいですか？

「ら」抜き言葉

✕ 出れない → ○ 出られない
✕ 決めれない → ○ 決められない
✕ 受けれない → ○ 受けられない
✕ 食べれない → ○ 食べられない

尻上がり言葉

「わたしはぁ⤴」など、助詞や語尾を尻上がりに伸ばすと、甘えたようなニュアンスを相手に与えてしまう。

✕ これってぇ、△△さんの担当なんですかぁ？
○ これは、△△さんの担当でしょうか？

語尾上げ半疑問

自信がないときに語尾を上げて、疑問かどうかあいまいに話す、半疑問形の話し方は避ける。

✕ △△△課？の□□さん？のおみやげです。
○ △△△課の□□さんから頂いたおみやげです。

あいまいな言葉

✕ ～的な　✕ いい感じに
✕ 適当に　✕ たぶん

口ぐせの多用

✕ やっぱり　✕ あのー　✕ えーっと
✕ でも　✕ そういう　✕ だから

上司のホンネ

若者言葉は使わないで

社風が自由で、若い社員が多いこともあって、「～的な」や、「～みたいな」「ていうか」など、社内でも若者言葉を聞く場面が多いのですが、取引先などには聞かせたくない言葉です。私自身も不快なので、若者言葉はやめて、きちんとした言葉遣いをしてほしいですね。(メーカー・管理／40代・女性)

マナー講師の 気遣いPOINT

普段の言葉遣いが大切です

上司や先輩にはきちんとした言葉遣いをしていても、同僚や後輩に対しては学生時代の言葉遣いが出てしまう人もいるようです。上司が聞けば不快に思うでしょうし、職場には他社の方も訪れます。また、普段使っている言葉がうっかり出てしまうこともあるので、普段から社会人にふさわしい言葉遣いを心がけましょう。

Rule 21

基本を押さえて使い慣れよう

敬語の使い方

ココがPOINT

1 | 社外の人に対しては常に敬語を使う
2 | 社内では、上司・先輩に対して敬語を使う
3 | 社外の人と話すときは、自社の人に敬語を使わない

正しい敬語でコミュニケーションをスムーズに

敬語は相手に対する敬意を表す表現。**相手の立場や心情をふまえた思いやりのある言葉を選ぶことが重要**です。正しい敬語によって人間関係もスムーズになります。敬語には「丁寧語」「尊敬語」「謙譲語」などがあり、最初は使い分けが難しく感じますが、使い慣れることが大切です。まずは、先輩や上司の会話を聞いて耳で覚え、自分の会話に取り入れましょう。最初はなじまない言葉遣いも、繰り返し使っているうちに自然に使い分け方が身についてくるはずです。

■敬語の使い分け

まず丁寧語を使う

ビジネスの場では、基本的に「丁寧語」を使う。語尾に「です」「ます」をつけ、単語の頭に「お（ご）」をつける。まずは、きちんと丁寧語を使えるようになろう。

目上の人には尊敬語を使う

上司や先輩、そして社外の人など、目上の人に対しては、相手を立てる「尊敬語」を使う。もちろん、呼称（P.47参照）にも気をつけて話すようにしよう。

自分や身内はへりくだる

目上の人と話すときは、自分側の行為が向かう先の人物を言葉で立てる「謙譲語」や、自分の側のことを相手にていねいに述べる「丁重語」を使う。

■3種類の敬語の使い方

丁寧語　物事をていねいに伝える

立場の上下に関係なく、物事をていねいに表現することで、相手を尊重していることを伝える。

1	…です／…ます／…ございます	例）行きます／ありがとうございます
2	「お（ご）」をつける	例）お電話／ご返事

尊敬語　相手の行為・物事・状態につける

相手の行為・物事・状態などについて、その人物を立てて表現する言葉。

1	「れる（られる）」をつける	例）話される／帰られる
2	お（ご）…になる（なさる）	例）お帰りになる／ご来場なさる
3	お（ご）…くださる	例）ご理解くださる
4	慣用表現（特定の形に変える）	例）おっしゃる／召し上がる

謙譲語　自分の行為・物事につける

自分から相手に向かう行為・物事について、その向かう先の人物を立てて述べる言葉。

1	お（ご）…する（申し上げる）	例）お知らせします／ご報告申し上げます
2	お（ご）…いたす	例）お話しいたします／ご説明いたします
3	お（ご）…いただく	例）お力添えいただく／ご連絡いただく
4	慣用表現（特定の形に変える）	例）お目にかかる／拝見する

■ビジネスシーンでよく使う敬語

基本形	丁寧語	尊敬語	謙譲語
行く	行きます	いらっしゃる	伺う、参る
いる	います	いらっしゃる	おる
来る	来ます	いらっしゃる、お越しになる	伺う、参る
帰る	帰ります	お帰りになる	失礼する、おいとまする
する	します	なさる、される	いたす、させていただく
言う	言います	おっしゃる	申す、申し上げる
聞く	聞きます	お聞きになる	伺う、拝聴する
見る	見ます	ご覧になる	拝見する
見せる	見せます	お見せになる	お目にかける、ご覧に入れる
読む	読みます	お読みになる	拝読する
知っている	知っています	ご存じ	存じる、存じ上げる
わかる	わかります	おわかりになる	承知する、かしこまる
尋ねる	尋ねます	お尋ねになる、お聞きになる	伺う、お尋ねする
食べる	食べます	召し上がる、お食べになる	頂戴する、いただく

Rule 22

敬うつもりが失礼になることも

間違えやすい敬語表現

ココがPOINT

1 | 敬語は間違えると、逆に失礼になる
2 | 尊敬語と謙譲語の使い分けを間違えない
3 | 二重敬語などの過剰な敬語は使わない

逆効果がこわい、間違った敬語表現

敬語は、相手や状況によって使い方が変わり、特殊な表現もあるため、気づかずに間違って使っていることも少なくありません。よくあるのは、「尊敬語」と「謙譲語」を間違って使ってしまうケースです。どちらも敬語ですが効果は逆なので、目上の人の行動に誤って「謙譲語」を使ってしまうと、相手をへりくだった位置に置いてしまいます。**間違えて使うと大変失礼になってしまう**のです。大きな失敗がないよう、自分の敬語をチェックしましょう。

■丁寧語の「お」と「ご」の使い方

●**和語（訓読み）なら、「お」**
例）お話、お知らせ、お車
●**漢語（音読み）なら、「ご」**
例）ご意見、ご参加、ご報告
※ただし、音読みの単語に「お」がつくこともあります。
例）お時間、お電話、お天気

つけるもの

●敬意を表す相手の「行動」「状態」「物事」などにつけます
例）お話、お耳、ご出席、ご多忙
●慣例的につけるもの
例）お金、お茶、ご飯、お辞儀

つけないもの

●外来語、動植物、自然現象、公共の施設、色・形など
NG例）おコーヒー、お犬、お雪、お電車、お赤、お三角
●「お・ご・あ」で始まる単語
NG例）お奥様、ご誤解、お頭

■敬語表現で多い間違い例

1 尊敬語と謙譲語の使い分けの間違い

目上の人に対して謙譲語を使う

目上の人と話すとき、相手の行動や物事に、へりくだった表現を使うのは、相手の立場を下に見る表現になってしまうため、相手に対して失礼にあたる。

✕ お食事は、どう**いたしますか?** → ○ お食事は、どう**なさいますか?**
✕ △△様は**拝見されました** → ○ △△**様はご覧になりました**

自分や身内に対して尊敬語を使う

社外の人と話すとき、自分や身内(自社の人など)に対して尊敬語を使うと、自分や身内の立場を上にすることになり、相手の立場が下になってしまうために失礼にあたる。

✕ まず私どもが**召し上がります** → ○ まず私どもが**いただきます**
✕ (社外に対して)□□部長が**いらっしゃいます** → ○ **部長の□□が参ります**

2 二重敬語

「おっしゃる」などの尊敬語に、さらに「れる(られる)」をつけるのは過剰な敬語で間違い。

✕ 社長が**おっしゃられ**ました → ○ 社長が**おっしゃいました**
✕ △△様が**おいでになられる** → ○ △△様が**おいでになる**

3 慣用表現

慣用的に使う表現の中には、本来、立場が上の人が下の人に向けて使う言葉がある。これらを目上の人に使うのは失礼にあたる。

✕ (上司や先輩に)**ご苦労様**です → ○ **お疲れ様**です
✕ (社外の人に)**お世話様**です → ○ **お世話になっております**

先輩の失敗談

ていねいさも時と場合によって

電話でお客様の応対をしているとき、ていねいな言葉遣いにしようと、「お名前」「お電話」「ご住所」など、単語の前にいちいち「お」や「ご」をつけて話していたら、逆に「わかりにくい」と言われました。電話などでは、簡潔にわかりやすく伝えたほうがいい場合もあるんですね。(サービス・販売/20代・女性)

マナー講師の 気遣いPOINT

「~させていただく」に気をつけて

「~させていただく」は、相手の許可を受けて行動をする場合に使う謙譲表現です。しかし、ていねいな表現と勘違いして、自発的な行動にも「~させていただく」をつけるケースが増えています。「新しく発売させていただいた○○」などが頻繁に使われると聞き苦しく感じるので、「新しく発売しました○○」と表現しましょう。

Rule 23

円滑な伝え方を身につける

ビジネス慣用句

ココがPOINT

1 | マジックフレーズで相手への配慮を示す
2 | ものを頼むときは、依頼形に言い換える
3 | 否定的なことを伝えるときは婉曲的な表現で

相手を気遣う言葉でビジネスをスムーズに

ビジネスでは、取引先の相手と互いに協調しつつ、しかしお互いの利益を追求します。こうした中で、相手との良好な関係を維持しながら、自分の意見や要望を伝えるためのコミュニケーション・ツールとして洗練されてきたのが、「ビジネス慣用句」や「マジックフレーズ」です。**マジックフレーズなどを上手に使い、相手の状況を気遣う配慮を言葉の中に含ませる**ことで、相手との摩擦をやわらげ、言いにくいこともやわらかく伝えることができるのです。

■よく使われるビジネス慣用句

ビジネスの場で慣用的に使われる表現があります。口に出して覚えておきましょう。

1 社外の人へのあいさつ
「お世話になっております」

2 お願い事をするとき
「よろしくお願いいたします」

3 帰るときのあいさつ
「失礼いたします」

4 肯定するとき
「かしこまりました」/「承知しました」

5 否定するとき
「いたしかねます」/「わかりかねます」

6 謝罪するとき
「申し訳ございません」

■言いたいことをソフトに伝えるマジックフレーズ

ビジネスを円滑に進める上では、相手の状況を気遣いながら、こちらの要望や意見を伝えるコミュニケーションの技術が必要です。これを助けてくれるのが、相手にソフトな印象を与える「マジックフレーズ」。状況に応じて、上手に使いましょう。

ものを頼むとき

人に頼み事をするときは、「恐れ入りますが」などのマジックフレーズを使うとソフトな印象に。さらに、「～してください」という命令形ではなく、「～していただけますか？」などの依頼形にしよう。

△ こちらでお待ちください。

○ **恐れ入りますが、**こちらでお待ちいただけますか？

△ 3時にかけ直してください。

○ **お手数をおかけいたしますが、**3時におかけ直しいただけますか？

マジックフレーズ例

「よろしければ」「お手間をとらせますが」「お差し支えなければ」「お忙しいところ申し訳ございませんが」「お手すきでしたら」など

反論するとき

ビジネスでは、相手の提案や要求に反して、こちらの意見を通さなければならない場面もある。そのようなときは、マジックフレーズで相手への敬意を示してから、婉曲的な表現で意見を伝えて。

× Aのプランには反対です。

○ **ごもっともですが、**Aのプランには賛成いたしかねます。

マジックフレーズ例

「失礼とは存じますが」「お言葉を返すようですが」「おっしゃるとおりですが」「誠に恐縮ですが」など

断るとき

相手の提案や要求を断るときも、頭から拒絶する言い方では、その後の相手との関係をこじらせてしまう危険性がある。「残念ながら」「あいにくですが」などのマジックフレーズで、相手への配慮を示して、否定表現を婉曲にしよう。

× Bの案件にはご協力できません。

○ **申し訳ございませんが、**Bの案件にはご協力いたしかねます。

× 製品Cは導入できません。

○ **残念ながら、**製品Cは導入いたしかねます。

マジックフレーズ例

「あいにく」「せっかくですが」「お役に立てずに申し訳ございませんが」「お気持ちはありがたいのですが」「身にあまるお話ですが」など

お手数をおかけしますがよろしくお願いいたします

Check! 社会人の基本ルール

1章

理解度確認テスト

社会人の基本ルールについて、理解度をチェックしてみましょう。1～10について、正しいかどうかを○×で答えてください。不正解だったものは指定ページに戻って復習しましょう。

Question

1	動きやすいように、少しゆったりめのスーツを選ぶ。	
2	服装がシンプルな分、アクセサリーやネイルでおしゃれを楽しむ。	
3	上司にもほめられたお気に入りのスーツなので、毎日着ている。	
4	先に退社する上司に対して、「ご苦労様でした」とあいさつをする。	
5	社内でお客様とすれちがうとき、立ち止まってあいさつをする。	
6	ドアは開いていても、ノックしてから入室する。	
7	取引先では相手に名刺をいただいてから自分の名刺を渡す。	
8	職場の雰囲気を和ませるため、同僚とはフレンドリーに接する。	
9	仕事でミスをした際、自分で解決できそうならひとりで解決する。	
10	上司に「こちらの書類をチェックしていただけますか？」と依頼する。	

Answer

1	×	身体にぴったりのサイズのスーツを着るときちんとした印象に。	P010
2	×	おしゃれよりも清潔感が第一。アクセサリーやネイルもシンプルに。	P016 P018
3	×	スーツは最低でも1日着たら次の日は休ませるのが長持ちさせるコツです。	P024
4	×	「ご苦労様」は目上の人が目下の人に使う言葉。「お疲れ様です」が正解。	P026
5	○	歩いている場合は立ち止まってからあいさつを。	P028
6	○	入室前には必ずノックを。ドアが開いている場合も軽くノックして。	P030
7	×	名刺交換の際は、訪問した側や立場が下の人から渡します。	P032
8	×	親しい同期との会話であっても職場では公私のけじめをしっかりと。	P040
9	×	ミスがわかった時点ですぐに上司に報告を。	P042
10	○	人に頼み事をするときは、命令形ではなく依頼形にするとソフトな印象に。	P054

2章

社内で愛される！

社内業務のマナー

Rule 1

スムーズに仕事を始めるために

始業前の準備

ココがPOINT

1 | 始業時刻の15分前までには出社する
2 | 仕事の準備は始業前に済ませておく
3 | 遅刻は厳禁。交通トラブルでは遅延証明書をもらう

始業15分前には出社し、仕事の準備を

朝は時間に余裕を持ち、**始業15分前までには出社しましょう**。日ごろから早めの出勤を心がけていれば、万が一交通機関のトラブルなどが起きても遅刻せずに済みます。始業時刻ギリギリに出社すると、「時間にルーズな人」だと思われてしまうこともありますので注意を。室内の掃除や飲みものの用意などは始業前に済ませ、スケジュールの確認をします。仕事にかかる前に優先順位を考え、その日のうちに済ませなくてはいけない仕事の段取りをしましょう。

■電車が遅れたときの対応

事故などで電車が止まったり、遅れているときには、早めに電話で会社へ連絡を入れます。どれくらい遅れるかを見極めて状況を報告したら、鉄道会社側のトラブルのときに配布される「遅延証明書」を降車駅で受け取って出社します。上司や同僚に遅刻を詫びるのを忘れないようにしましょう。

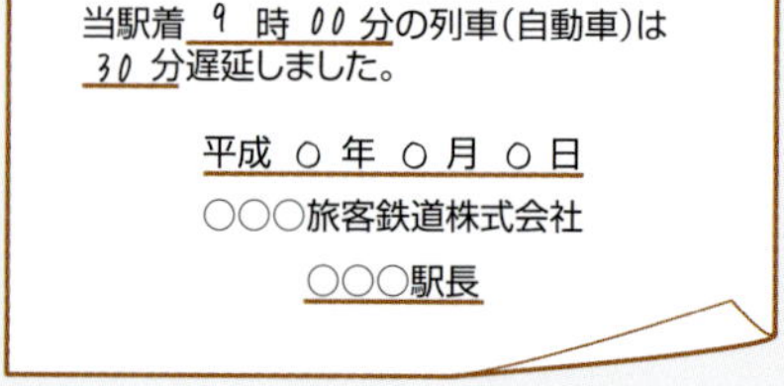
遅延証明書

当駅着 9 時 00 分の列車(自動車)は
30 分遅延しました。

平成 ○ 年 ○ 月 ○ 日
○○○旅客鉄道株式会社
○○○駅長

社内ですすんでやるべきこと

オフィス内の片付けや掃除には積極的に取り組みましょう。気持ちよく働ける環境作りをする姿を、悪く思う人はいません。上司や先輩、同僚へのあいさつも忘れずに。元気なあいさつが、職場のムード作りに役立ちます。

共同スペースをきれいに

みんなで使う打ち合わせや応接スペースなどは、いつでも気持ちよく使えるよう、整頓してテーブルの上をきれいに拭き、清潔に保とう。観葉植物があれば水やりなどにも気を配って。

ごみの片付け

いっぱいになったごみ箱や吸い殻のたまった灰皿は、気づいたらすぐに片付けよう。テーブルの上や流し台に出しっぱなしのカップなどがあったら、率先して洗うように心がけて。

オフィスの換気

オフィスに窓があれば窓を開け、換気扇を回すなどして、適度に室内の空気を入れ替えよう。寒い時期、暑い時期などは、周りの人に声をかけてから窓を開けるなど、室温にも配慮する。

消耗品の補充

コピー用紙や封筒、伝票などの消耗品が不足していたら補充しよう。コピー機やプリンター、ＦＡＸなど、共同で使うオフィス機器は、補充方法を含め早めに使い方を覚えよう。

NG例

始業時間を過ぎたら、朝食を食べたり、仕事以外で新聞や雑誌を読んだり、お化粧をするなど、私用で時間をムダにしない。

上司のホンネ

努力家の部下に感心！

私の会社は９時が始業時刻。ある部下は、誰にも言われなくても８時に出社し、先輩たちがすんなりと仕事に取り組めるよう、掃除などを率先してやってくれています。毎朝欠かさず地道な努力を続けている姿を見ると、仕事に対する前向きな姿勢が伝わってきます。（不動産・経理／30代・女性）

Rule 2

帰る前の確認や気遣いが大切

終業時・退社のしかた

ココがPOINT

1 | キリのよいところまで仕事を終わらせる
2 | 忙しそうな上司・先輩・同僚がいないか、気配りを
3 | 残業するときは上司の許可を得る

仕事の区切りをつけ、帰り支度をする

終業時刻を過ぎても、その日にやるべき仕事があれば終わらせ、ほかの仕事もキリのよいところまで終わらせましょう。**周囲に忙しそうな人がいれば、手伝えることがないかどうか声をかけるのが礼儀**です。また、翌日の仕事の予定を調べ、必要な準備ができているか確認をします。退社時には、デスクや周囲を整理整頓し、周囲よりも先に帰る場合は「お先に失礼します」とあいさつを。自分が最後に帰る場合は戸締まりや電源などのチェックをしましょう。

■残業は上司の指示を仰ぐ

残業を断るとき

上司や先輩から残業を頼まれたら、協力するのがベター。どうしても残業できないときは「○時まででしたらお手伝いできます」「明日早く出社してやるのはいかがでしょうか？」などの代案を出して対応する。

残業したいとき

自分の仕事が終業時間内に終わらないときは、進行状況や完了予定時刻などを上司に報告する。上司は部下の仕事の状況を把握する必要があるため、残業するかどうかは自己判断せずに許可を得るようにしよう。

残業時のルールとは？

目標を立てる

「○時までに終わらせる」「ここまでを終わらせる」などの具体的な目標を立ててから取り組み、効率よく業務を行おう。

はかどらないときは帰る選択も

どうしても仕事がはかどらないときには、仕事を切り上げて帰宅するという選択もある。翌朝、早めに出社して取り組んだほうが効率のよいケースも多い。

ダラダラとやらない

残業しなければ終わらないのは仕事ができない証拠ともいわれている。周囲に人がいなくなっても気を緩めず、集中して仕事に取り組もう。

上司のホンネ

不思議なほど自信満々……

夕方、いそいそと帰ろうとしている新入社員に「今日のノルマはこなしたの？」と聞くと「はい」と自信満々。でもフタをあけてみると、やっていないことだらけ。次の日問いただすと「忘れてました」との返答……。「こんなに忘れられるか？」と不思議に思うほどの仕事量だったのに。（製造・技術職／40代・男性）

マナー講師の 気遣いPOINT

終業＝退社時刻ではありません

終業後に予定があっても、終業時刻の前から帰り支度をしてはいけません。周囲が仕事に打ち込む中、デスク周りを片付けたり、メイク直しをするのはマナー違反です。終業時刻までは仕事に集中し、やるべきことをきちんと行いましょう。終業時刻は仕事を終える時刻であって、会社を出る時刻ではないのです。

Rule 3

仕事のポイントは報告・連絡・相談

ホウ・レン・ソウの基本

ココがPOINT

1 | 仕事が完了したら、指示した人へ「報告」
2 | 予定変更などの「連絡」は、関係者全員へ速やかに
3 | 「相談」は自分の不明点や考えを整理してから

仕事は「報告」するまで終わらない

指示された仕事の経過や完了を伝えるのが「報告」です。上司や先輩から**催促されて報告するのではなく、自分から進んで行いましょう**。報告を済ませた時点で仕事が終わったことになります。報告は指示した人に直接行います。必ず相手の都合を聞いた上で結論を伝え、経過や理由を具体的に説明します。意見や感想があれば「これは私の意見ですが……」と前置きしてから伝えるといいでしょう。期限に遅れそうなときは早めに中間報告をします。

■連絡をするときのポイント

口頭・メモ

職場内での簡単な連絡は、口頭で伝えるか、不在時にはデスクにメモを残し、後ほどメモ内容を相互確認する。

電話

自分や相手が社外にいるときには、急ぎの場合や口頭で済むものについては電話で連絡をする。

メール・FAX

図表を説明する場合、または自分や相手が社外にいるときなど口頭だけでは説明が難しい場合に利用する。

回覧・掲示

関係者全員に知らせたい連絡事項は、文書にまとめて回覧したり、目につくところに掲示したりするとよい。

仕事上の不明点は早めに相談する

仕事上でわからないことが出てくるのは、新入社員であれば当然のことです。不明点は、上司や先輩に早めに相談する習慣をつけましょう。「何がわからないのか」「判断に迷う点はどこか」などを整理し、自分なりに対処法や解決策を考えてから相談します。解決法をアドバイスしてもらったら、お礼を伝えることも忘れずに。その後の結果もしっかり報告しましょう。

相談するときには、時間を割いて相談に乗ってくれた相手への感謝の気持ちを忘れずに。自分の意見を述べるときは「～だと思うのですが、どう思われますか？」、相手と異なる意見を述べるときは「そういう考え方もあると思いますが、私は……」などの言葉を添えよう。

悪い内容こそ早めに報告

ミス・トラブルはすぐに上司へ報告し指示を仰ぐ。悪い内容こそ早めに報告するように心がけよう。

メモを取る

上司や先輩と話すときには、メモを取るようにしよう。メモがあれば、忘れてしまう危険や同じことを二度聞く必要がなくなる。

上司のホンネ

不確定な報告は不安！

「一応～です」「たぶん～です」と報告されても、こちらは不安になるばかり。報告時には避けてほしいキーワードです。逆に好感を抱くのは「～をしてもいいですか？」「～という方法もありませんか？」と、自分の意見・施策を持って、相談・主張ができる人。こちらも協力したくなりますね。（商社・総務／30代・女性）

先輩の体験談

聞き方を変えてみたら……

「どうしたらいいですか？」と聞くのではなく、「A、B、Cの選択肢があり私はAが最適だと考えますが、この考え方でよいですか？」という聞き方に変えたら、上司や先輩からアドバイスがもらいやすくなりました。仮説を立ててから質問すると、的確なアドバイスがもらえますよ。（サービス・コンサルタント／20代・女性）

Rule 4

まず内容を正しく理解することから

指示の受け方

ココがPOINT

1 | 呼ばれたらすぐに返事し、メモとペンを持参
2 | 要点をメモしながら指示を受ける
3 | わからないことは確認し、最後に復唱する

しっかり確認して正確に聞き取る

上司から名前を呼ばれたら「はい」と返事をし、メモと筆記用具を持ってすぐに席を立ちます。**指示は、内容の要点をメモしながら相手の話をさえぎらずに最後まで聞きましょう**。メモは、5W2H（いつ、どこで、誰が、何を、なぜ、どのように、どれくらい）を意識して取ります。優先順位などわからない点があれば必ず聞き、最後にメモを見ながら復唱して確認をしましょう。期日や数量、人の名前などは間違わないように必ずチェックを行うことが重要です。

■指示を受けるときのポイント

指示が重なったとき

どちらの仕事を先に行うべきか、上司に優先順位を聞こう。部下の仕事内容を把握しておくことも、上司の仕事のひとつであるため、自己判断をせずに、指示を仰ごう。

直属の上司以外の他部署からの指示、取引先からの依頼

まずは直属の上司に報告して、了承を得る。ほかの仕事と重なっているなど、自分が引き受けられない場合には、上司に相談を。断るときは自分から断るのではなく、上司を通じて断ってもらう。

仕事の流れは“Plan-Do-Check-Action”が基本！

仕事はPlan＝計画、Do＝実行、Check＝評価、Action＝対処という4つの工程をサイクルで繰り返し行うのが基本です。繰り返すことで1サイクルごとによりよい仕事ができるようになります。

Plan【計画】
理解してから目標設定を

指示を受けたら、仕事内容と目的を理解し、手順を考え、時間や数量、質などの目標を決める。予定表を作ると進めやすくなる。

Do【実行】
計画に基づいて臨機応変に

上司や先輩に相談しながら、計画に基づいて進める。わからないことや判断できないことがあれば、上司や先輩に質問して解決を。

Check【評価】
結果を出せたか検証する

実行後、結果の見直しを行う。期待に応えられたか、不備はないか、業務を通して何を学んだのか、改善点はないかなどを検証しよう。

Action【対処】
見直しをふまえ対応・報告

不具合や修正点などがあれば、迅速に対応する。対処方法がわからなければ上司に相談を。順調な場合は、その状況を報告する。

日ごろから自分のこなせる仕事量やスピードを客観的に把握しておくことが大切。仕事がたまっていて手いっぱいなときに仕事を引き受けてしまうと、期限に間に合わないなど、業務に支障をきたす可能性もある。

上司のホンネ

同じことを何度も聞かない

指示や教えたことについては、必ずメモを取ってほしいですね。2回ならまだしも、3回以上同じことを質問しないようにしてほしいものです。質問するときには、「これは何ですか?」などではなく「これは○○○○でしたか?」と確認するように聞くとよいと思います。あとは、笑顔とお礼を忘れずに。（証券・総務／30代・女性）

マナー講師の 気遣いPOINT

断るときは代替案とセットで

仕事を断るときには、「できません」「無理です」という否定的な表現は避けましょう。たとえば、「○○社に提出する企画書の作成があり、今日いっぱいかかりそうです。それが終わりしだい、明日からなら取りかかれると思うのですが、いかがでしょうか?」などと状況を説明しながらも、どうすれば可能かを提案するとよいでしょう。

Rule 5

依頼相手への配慮が必要不可欠

依頼のしかた

ココがPOINT

1 | 相手の都合を確認してから依頼する
2 | わかりやすい資料と説明を心がける
3 | 依頼した仕事は進捗の管理をする

相手の立場に立ってわかりやすい指示を

新入社員でも、自分が担当している業務から、誰かに仕事を依頼することがあります。そんなときは、最初に相手の都合や状況を確認することが必要です。**こちらの都合だけを押し付けるのはよくありません**。また、相手が仕事を進めやすいよう、必要な資料をそろえて説明しましょう。わかりやすい資料を作成するよう心がけることも大切です。また、依頼した仕事は進捗を管理する必要があります。相手の都合を考慮しながら、業務を進めていきましょう。

■わかりやすい資料とは

WordやExcel、PowerPointなどで業務に必要なデータなどをまとめます。誰にとっても一目瞭然であるよう心がけましょう。資料のなかで抜けている箇所や足りないデータなどがあると、相手は円滑に業務を進められません。お互いが気持ちよく作業できるよう心配りを忘れずに。業務に必要なPCソフトの使い方は、早めにマスターしましょう。

■仕事を依頼するときの流れとマナー

1 誰に依頼するか?

仕事を誰に依頼するかを考える。その業務に適している人や得意な人を考え、必要があれば上司に確認を取る。

▼

2 相手の都合を聞く

依頼する前に相手の都合を聞き、お願いしたい仕事がある旨を伝える。

▼

3 依頼内容を的確に伝える

仕事の内容をしっかりと伝える。目的や締め切り、内容の詳細について伝え、相手に不明点がないかどうか確認を取る。

▼

4 進捗管理を行う

大きな仕事であればあるほど、進捗管理が重要。進捗を管理したいことは相手に伝えておくといい。相手の都合もあるので、急かさないように心がける。

▼

5 報告や検討を

相手の仕事が終わったら、お礼を伝えてその内容を確認する。正しく行われているかどうかをチェックし、不備があれば対応してもらう。相手や上司に業務完了の報告をし、今後の仕事に生かしたいことや気づいた点などを記録しておくとよい。

先輩の体験談

報告とお礼も忘れずに

あるプロジェクトで複数のメンバーからお願いしていた資料を受け取ったのですが、チェックとお客様への対応に追われて、資料が問題なかったかの報告をうっかり忘れてしまったことがあります。私が別室で作業をしていたため、みんなは帰るに帰れずという状況になってしまい申し訳ないことをしてしまいました。それからは、お願いしていた仕事を受け取ったら必ず確認をして、結果の報告とお礼を伝えるようにしています。(メーカー・企画／20代・男性)

Rule 6

期日を守って社内業務を円滑に

日報・日誌・各種届け出の書き方

ココがPOINT

1 | 日報・日誌は退社前に記入して上司へ提出
2 | 事実を簡潔に書き、説明は5W2Hを意識する
3 | 書式に従って正確な名称や数値を書く

書式に従い簡潔かつ具体的に。期日は守って

日報や月報、日誌など、会社や職種によってさまざまな書類の提出が求められます。所定の書式に従って、簡潔な表現で事実をまとめましょう。**上司が目を通すものであっても、敬語を使う必要はありません。**上司が部下の業務内容や状況を把握して評価する、大切な書類なので、忘れずに記入し、退社前に上司へ提出します。また、遅刻届、早退届、休職届などの各種届け出は、決められたルールに従って作成し、期日に遅れないように提出しましょう。

■日報・日誌の役割

部下

1日を振り返って自己点検することで、ミスの予防や課題発見につながる。トラブルが起きたときの対処法を記入しておけば、今後に役立つ。

●一定期間の売上高などを数値で把握できる
●作業量を客観的に見て、効率化に役立てられる

上司

部下の仕事の進め方や業務の進捗状況が把握でき、ひとりひとりの部下に対して的確なアドバイスや指示を出すことが可能になる。

●分析により業務の改善点を考えることができる
●部下が納得できる対応策を見つけ出せる

■日報・日誌の書き方

要点は箇条書きに

だらだらと長い文章を書かず、箇条書きにするのが基本。ポイントをまとめて簡潔に記入する。

説明は5W2H

いつ、どこで、誰が、何を、なぜ、どうやって、どれくらい、をきちんと記入する。

業務日報	所属	氏名
20××年　11月　22日（月）　本日の業務		
・A社訪問　製品見本納品 ・B社新製品について、C社杉山氏と打ち合わせ ・D社にE社製品の納品スケジュールを確認 ・F社の見積り書作成		

時間	業務内容
9	
10	10：00～　A社訪問　担当山本様 11月29日に横浜工場より納品予定の製品見本10点を納品
11	11：30～　B社新商品について藤田係長と社内打ち合わせ。予算、スケジュール、スタッフ確認
12	
13	13：30～　C社杉山氏来社 B社新製品のデザインについて、予算、スケジュール含め打ち合わせ
14	
15	15：00～　F社の見積り書作成。藤田係長に提出。 15：30～　11月25日企画会議資料作成
16	16：30～　A社○月キャンペーン提案資料作成
17	
18	

連絡事項・相談事項・提案事項
・D社より、E社製品納品スケジュールが1日前倒せるとのこと。
　F社加藤様には連絡済みです。

コメント

正確な名称や数値

特に名称や数値は間違えないように注意を。記録や資料で再確認してから記入しよう。

重大なことは口頭報告も

取引先とのトラブルなど重要事項については、記入とあわせて上司に口頭でも報告をしよう。

各種届け出の作成例

休暇届

総務	部長	課長

部署名
氏名　　　　　　　印
申請日　年　月　日

期間	年　月　日(　)～　年　月　日(　) 【有給・代休・特別】休暇を申請します。
事由	
備考	

会社のルールに従って書類を作成する。前もってわかっている場合は早めに上司へ伝え、届け出を済ませておく。

上司のホンネ

遅れるときには必ず連絡

提出物などが約束の期日に遅れそうなときに、事前連絡は「当たり前」だと思います。期限に提出されることを想定して、こちらも動いているのです。最近この「当たり前」のことができない若い人が多いことにびっくりしています。期限は守らない、連絡はない……では、信用を失ってしまいますよ。（保険・経理／40代・女性）

Rule 7

事前準備や引き継ぎをしっかりと

休暇・遅刻・早退・欠勤の報告

ココがPOINT

1 | 休暇は早めに申し出て、休暇前に引き継ぎをする
2 | 遅刻・早退・欠勤・直行・直帰は必ず上司に連絡を
3 | 出社したら、上司や周囲へのあいさつを忘れない

周囲に迷惑をかけないよう配慮する

法事や通院など事前にわかっている休暇・遅刻・早退は、できるだけ早く上司に伝え許可を得ます。必要があれば、遅刻届などの書類を提出しましょう。休暇前には、周囲に迷惑がかからないようできるだけ仕事を済ませ、**留守中の緊急事態に備えて進行状況や資料をわかりやすくまとめ、同僚や先輩に引き継ぎをします**。必要に応じて、顧客へ休暇を取る旨と代理担当者の名前を伝えましょう。出社時にはお礼やお詫びのあいさつを怠らないことも大切です。

■急な遅刻・早退・欠勤ではこうする

遅刻

わかった時点で会社に連絡し、理由と出社予定時刻を伝える。緊急の要件がある場合は対処法を伝えて。交通機関のトラブルによる場合は遅延証明書を受け取る(P.58参照)。出社したらお詫びのあいさつをしよう。

早退

家族の事故など緊急事態が起きた場合は、すぐに口頭で上司に伝える。できる範囲で仕事の引き継ぎを行うこと。上司が不在の場合は、同じ部署の人に伝言を頼み、上司の帰社予定時刻に合わせて電話を入れる。

欠勤

体調不良など、どうしても出社できない場合には、始業前に上司へ電話し、理由や事情を説明する。引き継ぎが必要な仕事については内容と対処法を伝えて。よほどの重病でない限り自分で電話をかけること。

直行・直帰のルール

直行とは朝出社せずに自宅から直接取引先などへ向かうこと、直帰とは社外での仕事が終わった後にそのまま帰宅することをいいます。自己判断をしないで、直行は前日、直帰は外出前に、必ず上司の許可を得るのがルールです。ホワイトボードなどの予定表があれば、行き先と直行・直帰などを記入し、口頭でも伝えます。

直行

急な立ち寄りの用事が発生したら、朝いちばんで会社に電話する。立ち寄り先、担当者、出社予定時刻などを連絡しておく。予定より出社が遅れるときはできるだけ早く会社に電話を入れ、その旨を伝える。先方到着が始業時刻後30分くらいまでが直行にできる目安時間。

直帰

直帰することを会社に伝えてあっても、仕事が終わった時点で会社へ電話する。完了の報告をし、自分への連絡の有無などを確認して。外出先での仕事が長引いて直帰したい場合には、上司の指示を仰ごう。直帰にできる目安時間は、終業時刻を過ぎたらと考える。

先輩の体験談

5分でも遅刻は遅刻

ちょっと寝坊してしまったとき、朝イチの業務や緊急の仕事がなかったので「5分くらいなら……」と思い、会社へ連絡しないまま出社したら、上司に厳しく注意されました。何かあったのかと、みんなを心配させてしまったようです。自分勝手な判断をしてはいけないなと反省しました。（サービス・営業／20代・女性）

連続休暇をとるときは

連続休暇をとる際は、なるべく周囲に迷惑をかけない配慮が必要です。繁忙期がわかっている場合は、その時期をはずすように計画を立てます。休暇の希望日がほかの人と重なることもあるので、事前に同僚や先輩に相談して、仕事に支障が出ないよう日程の調整をします。休暇の申請は1カ月前までには済ませましょう。

Rule 8

はっきりと伝わるていねいな口調で

電話応対の基本

ココがPOINT

1 会社を代表する気持ちで、ていねいに応対する
2 聞き取りやすい大きな声で、はっきりと話す
3 電話の周りには必ずメモとペンを準備しておく

顔が見えないからこそ、ていねいにハキハキと

ビジネスシーンで欠かせないのがきちんとした電話応対です。電話応対では、自分が会社の顔であることを意識しましょう。電話は、会ったことのない相手にとって第一印象が決まるものでもあります。その後の関係を円滑にするためにも、実際に会って話しているような心構えを忘れずに。ポイントとなるのは、**「声の大きさ」と「ハキハキとした受け答え」**です。相手に自分の顔が見えていないからと油断せず、集中してていねいな応対を心がけましょう。

■電話に出るときの心構えとよく使うフレーズ

ポイント

1 聞こえやすいよう、大きな声で明るく
2 はっきりとていねいに話す
3 ほかの作業をしながら話さない

よく使う6フレーズ

「いつもお世話になっております」
「少々お待ちください」
「お待たせいたしました」
「かしこまりました」
「失礼ですが……」
「申し訳ございません」

電話応対のポイントを押さえよう

電話の近くにメモを常備

電話応対ではメモが必須。メモ用紙とペンを用意しておこう。デスクの上は整頓し、メモや書類が散らからないようにする。

出るのは3コール以内に

会社にかかってきた電話では、3コール以内に出るようにしよう。ただし鳴った瞬間に取るのは早すぎ。3コール以上待たせてしまった場合は「お待たせいたしました」とひと言添えるのがビジネスのルール。

名前を伝え、相手の名前を必ず聞く

自社と自分の名前をはっきり相手に伝えるのがマナー。電話を受けたときには、相手の社名や名前を間違いのないように確認しよう。

内容を復唱する

相手が話した内容をメモし、そのメモを見ながら復唱して確認する。聞き取りにくいときはもう一度聞き、正確な内容を把握するよう努める。

マナー講師の 気遣いPOINT

「ながら電話」はやめましょう！

電話中は、声だけではなく電話中の姿勢や雰囲気も一緒に相手へ届いています。ほかの作業をしながら、飲み物や食べ物を口にしながら、パソコンを入力しながら、タバコを吸いながらなどの「ながら電話」はやめましょう。また、受話器を肩ではさんでいるなど、落ち着いていないような状況も、声に反映されて相手に伝わってしまうもの。失礼な行為になりますので注意が必要です。電話中は姿勢を正し、集中して話しましょう。電話中の同僚や先輩に話しかけるのも厳禁です。

Rule 9

明るく聞き取りやすい受け答えを

電話の受け方

ココがPOINT

1 | 社名をはっきりと名乗り、あいさつをする
2 | ゆっくりとていねいに、語尾まで明瞭に話す
3 | 敬語を使うのが基本！

明るい声でゆっくりと、正しい敬語を使おう

電話が鳴ったら、相手を待たせないよう3コール以内に取ります。第一声から**明るい声でハキハキと話し、ゆっくりと語尾まで明瞭に話しましょう**。早口や小さい声、大きすぎる声は相手が聞き取りにくいものです。お互いに顔が見えないからこそ、失礼のないように正しい敬語で接するのがマナー。用件は正確に聞き取り、聞き取りにくい場合は「恐れ入りますが、もう一度おっしゃっていただけますか？」と聞き返して確認しましょう。

■電話の受け方の基本

1 電話に出る
部署に直通の外線電話の場合は「**○○社××部でございます**」、内線電話の場合は「**××部△△（自分の名前）です**」と出る。

2 あいさつをする
相手が名乗ったら「**いつもお世話になっております**」とあいさつを。名乗らない場合は「**失礼ですが、どちら様でしょうか？**」と聞く。

3 用件を聞く
用件を聞き必要に応じてメモを取る。ほかの人宛ての場合は、名指し人を確認してから「**少々お待ち下さい**」と取り次ぐ。

覚えておくと便利！電話で使えるビジネス英語

■ ○○社でございます。
This is ○○ company.

■ 少々お待ちください。
Hold on, please.
One moment, please.

■ どちら様でしょうか？
May I ask who is calling?

■ もう一度おっしゃっていただけますか？
Could you repeat that again?

■ 少々お待ちください。英語ができる者とかわります。
Just a moment please. I'll get an English speaker.

■ 鈴木におつなぎします。
I'll put you through to Mr. (Ms.) Suzuki.
（英語の場合は社内の人間に対しても「Mr.」「Ms.」をつける）

■ あいにくですが、ただいま別の電話に出ております。
I'm afraid he (she) is on the phone right now.

■ このままお待ちになりますか？
Would you like to hold?

■ あいにくですが、ただ今会議中です。
I'm afraid he (she) is in a meeting.

■ 折り返しお電話すると申しております。
He (She) says he (she) will call you back.

■ 伝言を承りましょうか？
Would you like to leave a message?

■ お電話ありがとうございました。
Thank you for calling.

先輩の体験談

ていねいな応対がいちばん！

ささいなお問い合わせでも、自分のわかる範囲でていねいに答えていたら感謝されることが増えました。自分がわからないことを聞かれたときには、ごまかしたり話を流したりせず「のちほど確認してご連絡します」「内部で確認させていただきます」と言うようにしたら、お客様からの相談の電話が増えました。また、電話でお客様が少し怒っているときは、しっかり話を聞いて復唱することを心がけると、大きなクレームには発展しないケースが多いです。（銀行・接客／20代・女性）

Rule 10

すばやく、正しく、臨機応変に

取り次ぎの方法

ココがPOINT

1 | 相手を待たせないよう、すばやく取り次ぐ
2 | 伝言内容は復唱して確認し、正確に伝える
3 | 名指し人不在時は、相手の意向を確認する

電話の取り次ぎは迅速・正確に

電話の取り次ぎでは、まず名指し人の部署や名前を確認します。次に、名指し人が席にいることをすばやく確認して取り次ぐ旨を伝え、保留ボタンを押します。たとえ名指し人が隣にいても、**受話器を手でふさぐ程度では会話が相手に聞こえてしまうため、必ず保留音を流しましょう**。名指し人に相手の社名や名前を正しく伝え、取り次ぎます。相手から用件まで伺った場合は、相手が同じことを繰り返し言わずに済むよう、用件もあわせて伝えます。

■名指し人不在時・相手からの依頼内容別対応

「では、ご伝言いただけますか？」
▼
「かしこまりました」と言ってメモを取る。相手の社名、名前、用件、連絡先を聞き、復唱して確認をしたら、最後に**「△△が承りました」**と自分の名前を名乗る。

「お戻りになったら電話をいただきたいのですが」
▼
「かしこまりました。○○社の佐藤様ですね。念のため、お電話番号を教えていただけますか」と言い、相手の社名、名前、電話番号を復唱して確認しメモする。

「では、のちほどお電話します」
▼
「恐れ入ります。○○社の佐藤様ですね。お電話いただきましたことを申し伝えます」と言い、相手の社名と名前を確認してメモを取る。

名指し人がこんな状況のときは、どうするか

席にいないとき

「あいにく太田は席をはずしております。
戻りましたら、こちらから
ご連絡をいたしましょうか？」

電話中のとき

「あいにく太田はほかの電話に出ております。
終わりましたら、こちらから
ご連絡いたしましょうか？」

会議中のとき

「太田はただいま会議中ですが、
お急ぎでしょうか？」

相手が急いでいないときは伝言を聞いてメモを本人の机の上に置く。急いでいるときは、会議室に内線を回すか、または会議室に用件を書いたメモを持っていき、名指し人に渡して指示を受ける。

遅刻しているとき

「本日、太田は立ち寄りがございまして、
○時には出社する予定でございます」

時間にルーズな印象を相手に持たれないよう、立ち寄りや外出などと答える。

外出中のとき

「あいにく太田は外出しておりまして、
○時に戻る予定でございます」

自己判断で外出先や携帯電話の番号を相手に教えないように。聞かれたときは「こちらから連絡を取って本人からかけ直させます」と対応しよう。

外出先から戻らないとき

「太田は外出しておりまして、
本日は社に戻らない予定でございます」

相手が急いでいる場合はこちらから携帯電話に連絡し、本人から電話をしてもらう。

欠勤・休暇のとき

「太田は本日、不在にしております。
○日には出社いたします」

風邪や旅行、身内の不幸など、その理由を詳しく言う必要はない。

先輩の体験談

後で困らないよう確実に

入社したての頃、まだほかの支店名がわからず、電話を切った後どこからの電話かわからなくなり、困ったことがありました。日々の電話応対は同じ人からの電話が多いので、それに慣れて返信先を聞き忘れ、トラブルになったことも。その後はきちんとメモをしたり、復唱したりするようにしています。（流通・営業／20代・男性）

マナー講師の 気遣いPOINT

詳しい事実を伝えずに

たとえ終業後の電話であったとしても、相手や状況によって名指し人が帰宅したことを言いにくいケースがあります。そんな場合は不在の理由を詳しく言わずに「外出していて社には戻らない」などと伝えるのもひとつの方法です。何と言えばよいのか迷ったときはいったん保留にして、先輩や上司に相談をしましょう。

Rule 11

電話の内容を正確に伝えるツール

伝言メモ

ココがPOINT

1 | 用件を復唱して確認し、メモには受信日時も
2 | メモと口頭の両方で必ず本人へ伝える
3 | 電話を折り返す場合は相手の電話番号を聞いて記入

電話の内容を要約するのがメモ

伝言を頼まれたときには、相手の社名や名前だけではなく、日付や数量、時間などの数字に注意しましょう。メモは、相手が理解しやすいよう**「いつ」「誰に」「誰から」「どのような内容で」「誰が電話を受けたか」**を簡潔にまとめます。長い文章にせず、箇条書きでまとめるとよいでしょう。伝言は正確さが重要なので、聞き取りにくい発音やまぎらわしい数字があった場合には「恐れ入りますが、もう一度お願いできますか？」と聞いてしっかり対応をします。

■電話で名指し人へのメモを残すとき

1 要点を復唱して確認
伝言を頼まれたら、日時や場所、数量、人名などを間違えないようメモし、必ず復唱する。

2 最後に自分の名前を
最後に「△△が承りました」と名乗ること。責任を持って伝えますという姿勢が相手に伝わる。

3 メモを本人の机へ
本人の机の目立つ場所にメモを置き、飛ばされたり落ちたりしないよう工夫する。

4 口頭でも伝える
本人が席へ戻ったら、電話があり机にメモを置いたことを口頭で伝え、確認してもらう。

伝言メモのサンプル

メモは一定様式の用紙を作成し、必要事項をチェックするようにすると便利です。

誰から誰への伝言か、受信日時、取り次ぎ者は誰か、用件、かけ直す必要の有無などをまとめる。

社名や氏名など、どのような漢字かわからない場合は、カタカナで記入すること。

日時、時刻は正確に。

相手から「電話がほしい」と言われたら、相手の電話番号を聞いて記入する。

伝言内容は簡潔にまとめる。用件が複数ある場合は箇条書きにするなど、読む人がわかりやすいようなメモを心がけよう。

伝言メモ

鈴木 様

△△社カンノ 様より

4 月 5 日 (午前)/午後 11 時 18 分

□ お電話がありました
☑ 電話くださいとのこと
(番号 090-×××-××××)
□ また電話しますとのこと (時 分頃)
□ 次の伝言がありました

用件・メモ

10日の打ち合わせの時間を
15時からに変更してもらいたい

受信者 山田

マナー講師の 気遣いPOINT

間違いを防ぐ“言い換え術”

発音が似ている数字や文字の間違いを防ぐため、言い換えて確認しましょう。数字はほかの言い方、アルファベットは単語に、人名の漢字を確認するときは、イメージしやすい言葉に言い換えます。

数字
1と7 → 7を「ナナ」
4と7 → 4を「ヨン」

アルファベット
B → ブックのB
D → デザートのD

時間
午後7時 →「午後ナナ時」「19時」

人名
加藤 →「加えるに藤の花の藤」

Rule 12

要点を整理して簡潔に伝えよう

電話のかけ方

ココがPOINT

1 | 電話の前に、必要な資料やメモを準備する
2 | 名乗ってあいさつしたら、要点を簡潔に伝える
3 | メールやFAXを上手に併用して

相手の都合を考慮して失礼のないように

電話をかける前は、簡潔に話をするため用件を整理し、メモしておきましょう。**必要な資料や書類を手元に用意しておけばスムーズに話すことができます**。また、話が長引きそうなときは最初に相手の都合をたずねるのがマナーです。相手の忙しい時間はなるべく避けましょう。始業時刻や終業時刻の前後、昼休み、休憩時間などは迷惑になりやすいので注意を。やむを得ずかけるときは、「お忙しい時間帯に申し訳ございません」などとひと言添えましょう。

■1本の電話では済まないこともある

伝えたい内容が複雑なとき

電話を受ける側の気持ちを考え、ていねいにわかりやすく伝えることが大切。込み入った話や資料がある場合には、電話だけではなくメールやFAXを併用するなど、伝え間違いがないような工夫を心がけよう。

留守番電話になっていたとき

「○○社の△△です。お世話になっております。××の件ですが、資料をメールで送りますのでご検討ください」などと、社名と氏名、用件を簡潔に録音する。後で改めて連絡をするなど、フォローも忘れずに行う。

電話をかけるときのポイント

1 ゆっくり名乗ってあいさつする

「○○社の山田です。
いつもお世話になっております」
相手が出たら、聞き取りやすいように一呼吸おいて社名や名前を名乗り、あいさつをする。

▼

2 相手の部署名と名前を伝える

「営業1課の山本様をお願いいたします」
担当部署に直通の場合は、名前だけを伝える。

▼

3 相手が出たら改めてあいさつ

「○○社の山田です。
いつもお世話になっております」
相手が電話に出たら、簡単なあいさつをする。

▼

4 用件は結論から伝える

「××の件ですが、明日13時には資料を
メールでお送りいたします」
5W2Hを意識して簡潔に話す。電話1件につき3分を目安にするとよい。

▼

5 あいさつをして電話を切る

「よろしくお願いいたします。失礼いたします」
話が終わったら、あいさつをして静かに電話を切る。

マナー講師の 気遣いPOINT

最後まで気を抜かないで

電話は、かけた側が先に切るのが基本です。ただし、相手が目上の人や取引先などの場合には、自分からかけた電話であっても相手が切るのを待ってから切りましょう。電話を切るときには、受話器を置く前にフックを指で押すようにします。受話器を置いて切ると「ガチャン」という音がするため、もし相手に電話がつながっていれば、失礼な印象を与えてしまうこともあります。切る瞬間まで気を抜かないのが電話のマナーです。心配りを忘れないようにしましょう。

Rule 13

相手の心情に寄り添う気持ちが大切

クレーム電話への対応

ココがPOINT

1 | 相手の気持ちに合わせた声のトーンを心がける
2 | まずはクレーム内容を把握し、迅速に対応する
3 | 憶測やあいまいなことは言わない

心をこめて誠実な態度で対応する

クレームを電話で受ける際には、お互いの表情が見えない分、言葉や声に心をこめる必要があります。**相手の気持ちに寄り添い、声のトーンは落として真摯に受け止めることが大切**です。お客様が時間とお金をかけて電話をかけていることを忘れずに。迅速な対応を心がけ、適切な部署や担当者に取り次ぎます。担当者にはわかる範囲でクレーム内容を伝えましょう。不用意な発言はトラブルに発展する可能性があるので、特に言葉遣いには気をつけます。

■クレーム対応・基礎知識編

内容を把握する

まずはお客様の言いたいことや状況を把握する。社内のルールを押しつけるのは厳禁。わからない点はていねいに状況を聞き出し、内容を正確に理解しよう。

解決策の提示

自分で判断できない場合は、あいまいなことは言わずに折り返し連絡をする。上司や担当部署に相談して、お客様が納得できるような解決策を提示する。

謝罪を使い分ける

状況を把握せず安易に謝罪すると、かえってトラブルの元になるケースも。状況に応じて使い分ける。

●全面謝罪

クレームの内容に対して、全面的に謝罪すること。

●部分謝罪

何に対するお詫びなのかを明確にして謝罪すること。「お待たせして申し訳ございません」など。

クレーム対応・実践編

悪い例 1

対応者 「お電話かわりました。どのようなご用件でしょうか？」
お客様 「さっき電話に出た方に、すでに話したんですけど」
対応者 「**❶そうですか。もう一度お願いします**」
お客様 「そちらで買ったカメラが故障したんです」
対応者 「そうですか。修理の担当部門は修理センターでございますので、**❷担当者にかわります。少々お待ちください**」
お客様 「もうさんざん待っているんですよ。それなのに、また電話を回すんですか？」
対応者 「**❸そう言われましても、こちらではお答えできないことですので**」
お客様 「責任者を出してください！」

悪い例 2

お客様 「そちらのサイトで買った健康器具が動かないんだけど」
対応者 「**❹大変申し訳ございません**。どのような状態なのでしょうか？」
お客様 「説明書通りに設定しているのに、まったく動かないんですよ」
対応者 「**❺説明書通りに正しく設定すれば、動かないはずはないのですが**。担当者にかわります」
お客様 「不良品だと思うんですよね。他の新しいものとかえてくれます？」
対応者 「はい。**❻たぶん取りかえられると思います**」

1 度重なる失礼への謝罪がない。**「大変失礼いたしました。恐れ入りますが、もう一度ご用件をお聞かせ願えないでしょうか？」**と謝罪の上、ていねいに状況を聞き出すこと。

2 たらい回しを繰り返そうとしている。**「こちらで連絡をとりまして担当者から折り返しお電話差し上げます」**と言い、名前と電話番号を聞く。

3 自分には関係ないという姿勢を感じさせてしまう発言。折り返し連絡にするなど、自分ができる範囲で誠意の伝わる対応をする。

4 状況を聞かずに全面謝罪している。**「それはご迷惑をおかけして申し訳ございません」**など、迷惑をかけたことへの部分謝罪にとどめる。

5 相手に非があるような言い方をしている。

6 確認せずに憶測で答えている。安請け合いせずに**「不具合の状態によってはお取りかえします。担当者が詳しくお話を伺った上で対処させていただきます」**などと言い、担当者に判断を任せる。

先輩の体験談

パニックにならないで

突然クレームの電話を受けて、パニックになってしまった私。そのとき、直属の上司が外出中だったため、近くにいたその業務に携わっていない常務に助けを求めてしまったんです。それによってかえっていろいろな人を巻き込み、事が大きくなってしまいました。もっと落ち着いて対処すればよかったです。（不動産・事務／20代・女性）

マナー講師の 気遣いPOINT

会社の代表として対応を

クレームには会社の代表として対応することが大切です。対応する際には、常にお客様の立場に立って考えるようにしましょう。後回しや責任転嫁、感情的・機械的な対応や反論は社会人として残念な対応です。適切な対応が企業への信頼を高めるきっかけになることもあります。誠実な対応を心がけましょう。

Rule 14

話す内容と周囲への配慮を忘れずに

携帯電話のマナー

ココがPOINT

1 | 重要な用件は携帯電話では話さない
2 | 会社支給の携帯電話を私用で使わない
3 | 周囲の迷惑にならない場所、声の大きさで

不用意な使用は情報漏洩につながる危険性も

ビジネスにおける社外での携帯電話の使用は、自分の社名、相手の社名や名前をはじめとしたお客様の情報など、**内容が周囲の不特定多数の人に聞かれることを前提に、話す内容、場所、声の大きさに配慮する**ことが大切です。さらに、周囲の雑音で相手が聞き取りにくいことがないよう、周囲の迷惑にならないような配慮も忘れずに。また、会社から支給された携帯電話を私用に使うのは厳禁。個人の携帯電話を仕事で使っている場合でも、私用電話は就業時間外にします。

■携帯電話の基本ルール

周囲に迷惑をかけない場所で
路上なら道路の端に寄り、店や取引先ではなるべく外に出る。

勤務時間中は電源ON
会社から支給された携帯電話は、勤務時間中は電源ONに。

使用する場所と話題に注意を
静かな場所を選ぶ。重要な用件は周囲に配慮する。

公私のけじめをしっかりとつける
私用電話は就業時間外に。会社の携帯電話を私用に使わない。

電話を受けるときのマナー

話せない環境にいるとき

電車やバスの中でやむを得ず電話に出る場合は、「今車内なので、○分後にかけ直します」などと断って切り、かけ直す。

着信音はビジネス仕様

仕事で使う携帯の着信音は、着メロなどではなく、一般的なコール音が無難。音量も大きすぎると周囲の迷惑になる場合があるので注意する。

電話をかけるときのマナー

相手の都合を聞く

一方的に話し始めてはいけない。用件に入る前に「今、お話ししてもよろしいでしょうか？」と必ず相手の都合を確認してから話すようにする。

非通知でかけない

非通知設定で電話をかけると、相手に警戒心を与えてしまうため、ビジネスで使う場合は、通知設定でこちらの番号を通知してかけるようにしよう。

静かな場所からかける

周囲がうるさい場所からかけると、自分には相手の声が聞こえていても相手が聞き取りにくく、不快感を与えてしまう。できるだけ静かな環境を選ぼう。

こんなときは電源オフorマナーモード

- 病院
- 公共の場（映画館、図書館、美術館など）
- 電車の優先席付近、飛行機の中
- 車の運転中
- 得意先の訪問中
- 重要な会議中

携帯電話の使用が禁止されている場所や、迷惑をかける場所では、状況に応じて電源を切るかマナーモードにします。会議中や商談中は相手に失礼のないよう電源をオフにする気配りをします。

上司のホンネ

私用メールは就業時間外に

部下が、仕事中に自席で携帯電話での私用メールに夢中になっているのを見てビックリしました。就業時間内なのに非常識ですよね。私用電話がかかってきたら後でかけ直すか、メールなら後で対応すべきです。緊急の場合は周囲には聞こえない場所に移動して話すのが常識だと思います。（運輸・人事／30代・女性）

マナー講師の 気遣いPOINT

不在時に携帯の番号を聞かれたら？

支給されているビジネス専用電話であれば、番号を教えても構いません。しかし、たとえ仕事で使っていても個人携帯であれば本人の許可なく教えないのが原則です。緊急時には「こちらから連絡を取って電話させるようにいたします」と伝え、本人に連絡をして、折り返し連絡を取ってもらうようにしましょう。

Rule 15

基本のマナーを押さえて臨機応変に

お客様の迎え方・ご案内のしかた

ココがPOINT

1 | 来客に気づいたらすぐに立ち上がってあいさつを
2 | 行き先を告げて、お客様の斜め前方を歩く
3 | お客様に背中を向けないように気を付ける

迅速に対応し、担当者に取り次ぐ

来客に気づいたら**立ち上がって出迎え、あいさつをして、相手の会社名や名前、自社の担当者名を聞きましょう**。相手が自分から名乗らない場合は、「失礼ですが、お名前をお伺いしてもよろしいですか？」とていねいに聞きます。相手がアポイントありの場合は「お待ちしておりました」とひと言を添え、アポイントなしの場合は来社目的を確認しましょう。担当者に内線などで取り次ぎ、「少々お待ちください」と声をかけて待っていただきます。

■担当者が不在のとき

不在を詫びる ▶	担当者の戻りを待つ場合	代理人が対応する場合	担当者の戻りを待たずに帰る場合
担当者が不在であることを伝えてていねいに詫び、帰社予定時刻を告げる。	応接室に通してお茶を出す。長くなりそうなら「よろしければどうぞご覧ください」と新聞や雑誌を勧めてもよい。	担当者の上司や同じ部署内の人に相談し、対応できるようであれば、用件を代理人が聞くことを提案する。	担当者への伝言を聞いてメモを取り、復唱して内容を確認する。担当者が戻ったら、来客があった旨を必ず伝える。

お客様を案内するときのポイント

1 行き先を告げる

担当者に取り次いだら、お客様に「○階の△△室へご案内いたします」と告げて、指示された場所へ案内する。長く待たせた場合は「お待たせしました」と声をかける。

2 お客様の斜め前方を歩く

お客様の斜め前、2〜3歩先を、相手のペースに合わせて歩く。通路の端を歩き、お客様が通路の中央を歩くように。お客様へ完全に背中を向けず、少し斜めになって歩く。

3 進行方向を手で示す

曲がるときや階段、エレベーターにさしかかったら、「こちらを左に曲がります」などと言いながら進行方向を手で示し、お客様を誘導する。

階段での案内

お客様を手すり側にし、昇るときは自分が後ろ、降りるときは自分が前を歩く。お客様より高い位置に立たないのが基本。ただし、男性の案内者が女性のお客様を案内する際は、一言断って先に階段を上がるなど臨機応変に対応する。

エレベーターでの案内

ドアが開いたら自分が先に乗り、操作盤の前に立ってドアを手で押さえる。お客様は上座である奥へ通し、背中を向けないように立つ。目的階に着いたら「開」ボタンを押して先にお客様に降りていただき、進行方向を示して先導する。

先輩の体験談

飛び降りてしまった……

来客時、大事なお客様の前で緊張してしまった私。エレベーターが目的階に着いたとき、慌ててお客様よりも先に飛び降りてしまいました。お客様が続けて降りたので、また乗るわけにもいかずにアタフタし、その後のご案内でも緊張しっぱなし……。赤っ恥をかきました。(商社・企画／20代・女性)

マナー講師の 気遣いPOINT

立ったままお待たせしない

お客様は、なるべく立ったまま待たせないようにすることがポイントです。「こちらにおかけになってお待ちください」と声をかけ、受付用スペースや来客用のソファ、椅子に座って、担当者へ取り次ぐ時間を待っていただきましょう。雨が降っている日には、傘立てを出しておくなどの心配りをおすすめします。

Rule 16

正しい席次を覚えてスムーズに

応接室への通し方

ココがPOINT

1 ノックしてドアを開け、お客様に上座を勧める
2 外開きのドアはお客様を先に、内開きは自分が先に
3 応接室の席次は入り口からの距離や椅子で判断

お客様を通し、上座を勧める

応接室にお客様を通すときには、中に誰もいないことがわかっていても必ずノックをします。担当者がすでに入室している場合は、返事を待ってからドアを開け、「○○様がお見えです」と声をかけます。**お客様に上座を手で示し「こちらにおかけください」と席を勧めましょう**。担当者が来ていない場合は「△△は間もなく参りますので、少々お待ちください」と伝え、退室します。急な来客にも対応できるよう、応接室はいつもきれいに保ちましょう。

■ドアの開け方

ドアが外開きか内開きかによって開け方の手順が異なります。しっかり覚えておきましょう。

外開きのドア

ドアを大きく開けたまま押さえ、お客様を先に部屋へ通す。

内開きのドア

「お先に失礼します」とあいさつしてからドアを開けて室内に入り、ドアを開けたまま押さえてお客様を通す。

応接室の席次

応接室には席次があり、お客様には上座を勧めるのがルールです。お客様より上座に座ることは失礼な行動です。失礼のない席にお客様を誘導できるよう、席次はしっかり覚えましょう。

※①から順に上座→下座

基本ルール

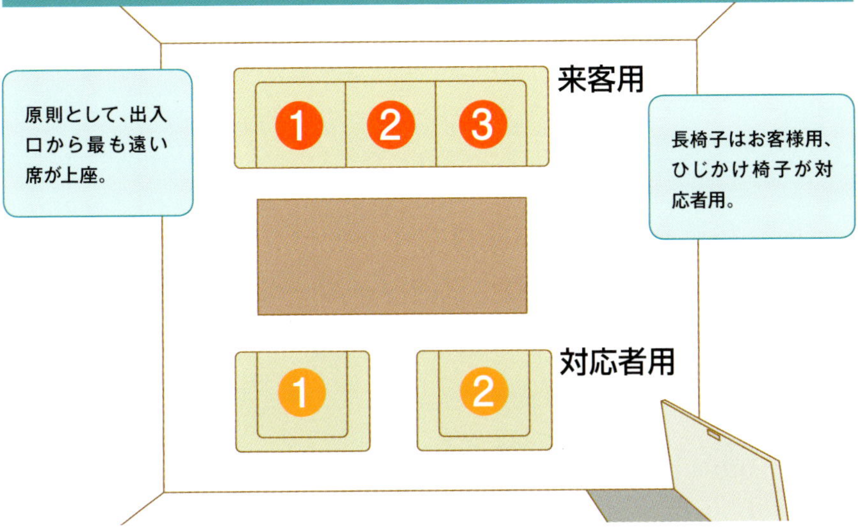
原則として、出入口から最も遠い席が上座。
来客用
1
2
3
長椅子はお客様用、ひじかけ椅子が対応者用。
対応者用
1
2

絵がある場合

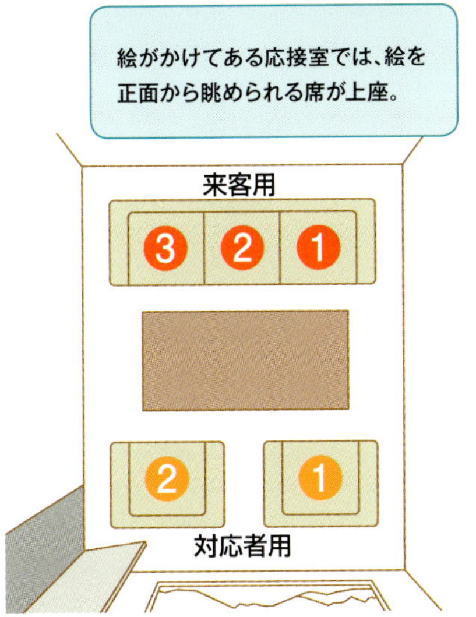
絵がかけてある応接室では、絵を正面から眺められる席が上座。
来客用
3
2
1
2
1
対応者用

事務所内の場合

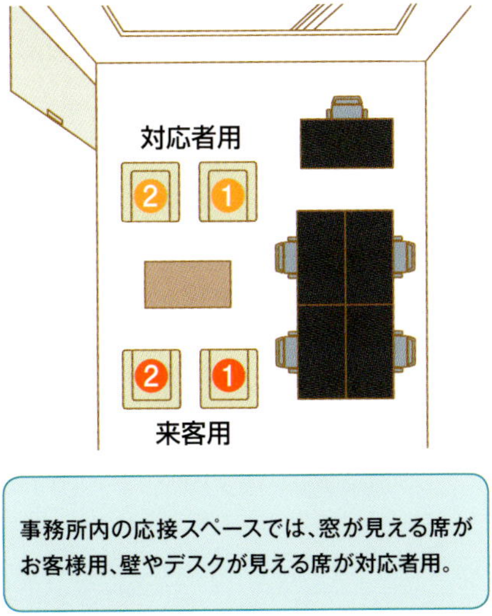
対応者用
2
1
2
1
来客用
事務所内の応接スペースでは、窓が見える席がお客様用、壁やデスクが見える席が対応者用。

Rule 17

正しい順番でスマートにおもてなし

お茶の出し方

ココがPOINT

1 お茶をのせたお盆はサイドテーブルなどに置く
2 茶碗は茶たく、カップはソーサーにのせて出す
3 カップの持ち手は右手にしてソーサーごと出す

役職の高い人からお茶を出す

来客時のおもてなしでは、お茶を出すのがマナー。そのとき気をつけるのは、お茶を出す順番です。**上座の方から席次に従って順に出していきます**。お茶を運べない場所に座っている人には、手前の方にお願いしても構いません。邪魔にならないようスムーズに、相手を思いやって臨機応変に行うことが大切です。汚れている器や濡れている器でお茶を出すのは失礼にあたります。万が一こぼれたときのことを考えて、書類の近くにはお茶を置かない配慮も必要です。

■コーヒー・紅茶の出し方

1 カップをソーサーに

カップとソーサーは別々にお盆にのせて運び、サイドテーブルなどの上に置いてからカップをソーサーにのせる。サイドテーブルがない場合は、左手でお盆を持ち、お盆の上で行う。

2 テーブルに置く

相手から見てソーサーの手前側にスプーンをのせ、カップの持ち手を右側にし、ソーサーごとテーブルに置く。冷たい飲み物を出す場合は、先にテーブルへコースターを置き、その上にグラスをのせる。

3 砂糖とミルクは?

砂糖とミルクはスプーンと一緒にソーサーにのせるか、別の容器にまとめて出す。別の容器で出すときは、お客様が取りやすい位置に置く。大人数やテーブルが大きい場合は、2つ以上用意するなど工夫しよう。

お茶の出し方

1 お茶を運ぶ

お盆に人数分の茶碗、茶たく、ふきんをのせて両手で運ぶ。途中で茶たくが濡れないよう、茶碗と茶たくは別々にお盆にのせるとよい。

2 入室する

ドアをノックして返事を待ち、返事があってから「失礼します」と言って入室する。大きな音を立てないようドアを静かに閉める。ドアを閉めたらお客様に軽く会釈をする。

3 お盆を置く

お盆をサイドテーブルなどに置き、茶碗の底をふきんで軽く拭いてから茶たくにのせる。

4 お茶を出す

茶たくを両手で持ち、上座から順にお茶を出す。お客様の右斜め前に置くのが基本。書類などがある場合は邪魔にならない場所に置こう。

5 退室する

お茶を出し終えたら、お盆の裏を自分の体側につけて持つ。ドアの前で一礼して部屋を出る。打ち合わせや会議が1時間以上続いていれば、新しい飲み物を出すとよい。

先輩の体験談

お客様と顔を合わせるチャンス

お客様が来社されたときには、率先してコーヒーを淹れるようにしています。お客様の顔を覚えられますし、自分の顔も覚えていただけるので、その後の電話などのコミュニケーションがスムーズに。少し顔を合わせるだけで、コミュニケーションの潤滑油になりますよ。（教育・インストラクター／20代・女性）

マナー講師の 気遣いPOINT

茶碗やカップの向きにも配慮を

日本茶を出すとき、ワンポイントの絵柄のふた付き茶碗の場合は、茶碗とふたの絵柄をきちんと合わせましょう。コーヒーや紅茶の場合は、お客様から見て持ち手を右に向けるのが基本ですが、お客様が砂糖やミルクを使うとわかっているなら、右手でスプーンが使えるように持ち手を左に向けて出してもよいでしょう。

Rule 18

来社への感謝の気持ちをこめて

お見送り

ココがPOINT

1 お客様の姿が見えなくなるまで見送る
2 重要な得意先は玄関まで見送る
3 玄関より手前で見送るときはひと言添えて

お礼を伝え、ていねいに見送る

商談を切り上げるのはお客様側です。お客様が「そろそろ……」と切り出したときが、商談終了のタイミング。自分から言うと、早く帰ってほしいような印象を与えかねないので注意しましょう。わざわざ足を運んでくださったことや商談内容への**お礼を伝え、お客様が帰るのを見送るのがマナー**です。どこまで見送るかの判断は、相手と自社との関係や相手の役職、来社理由によって異なります。右ページを参考に、ていねいなお見送りを心がけましょう。

■商談が終わったら

1 お礼の言葉を言う

用件が済み、お客様が話を切り上げたら、「本日はありがとうございました」など、足を運んでいただいたことへの感謝の気持ちをこめてお礼の言葉を述べる。

2 ドアを開ける

お客様が帰り支度を終えるタイミングに合わせて出入り口まで行き、ドアを開ける。開けるのが早すぎると、急かしているような印象を与えるので注意する。

見送る場所のいろいろ

応接室の前で見送る

付き合いが長く、よく知っている人に対してのお見送り場所。室内でドアを押さえてお客様を先に送り出し、一礼して見送る。外開きのドアの場合、先に自分が出てお客様を通し、ドアの前で一礼して見送る。

玄関まで見送る

重要な得意先や遠方からのお客様、クレームなどで訪れた人に対してのお見送り場所。玄関でていねいにお辞儀をし、相手の姿が見えなくなるまで見送る。

車まで見送る

車で訪れた役職が高い人や、クレームなどで訪れた人に対してのお見送り場所。お客様が車に乗ったら改めてあいさつをし、車が動きだしたらお辞儀をする。車が見えなくなるまで見送る。

エレベーターまで見送る

1 ビルの中のオフィスなら、エレベーターの前まで見送るのが基本。来客より3、4歩先を歩いてエレベーターのボタンを押し、到着を待つ。お客様が乗るまでボタンを押し続け、ドアが閉まらないよう気をつけて。

2 相手が乗り込んだらドアが閉まる前に「こちらで失礼いたします」とあいさつを。ていねいにお辞儀をする。

マナー講師の 気遣いPOINT

寒い季節の気配り

訪問先では、玄関を出るまでコートを着たりマフラーをつけたりしないのがマナーです。でも接客側になった場合は、ドアを開ける前に「どうぞこちらでお召しください」と声をかけ、社内で着ていただくのが思いやりの表現。お客様に寒い思いをさせない配慮のひとつです。相手の立場に立った気配りは喜ばれます。

Rule 19

目的に沿った準備で会議が有意義に

会議の準備

ココがPOINT

1 | 目的や都合に合わせて開催日時と場所を決める
2 | 参加者に連絡し、事前に出欠を確認する
3 | 資料は正確に、A4サイズで3枚程度にまとめる

目的を把握し、参加者に連絡する

会議の準備では、まず情報伝達や問題解決など、会議の目的やテーマを把握します。参加者の都合を聞き、日時と場所を決めたら、会議のテーマや目的、開催日時、場所をまとめた書類を参加者に配りましょう。必要に応じて地図などを添えることも忘れずに。開催日の数日前までに参加者から出欠の確認を取ったら、必要な書類の作成をします。**急な参加者がいることを考慮して、当日の席や資料は予定参加人数より多めに用意しておくとよいでしょう。**

■会議の準備の流れ

1 テーマや目的を把握する
まずは何について、何のために行う会議なのかを把握し、自分の役割を考える

▶

2 日時・場所を決定する
参加者の都合を聞き、日時を調整して場所を決定。参加しやすい場所にする。

▶

3 参加者への連絡
会議のテーマや目的、開催日時や場所を書類にまとめて連絡・送付する。

▶

4 出欠の確認
開催日の数日前までに参加者から出欠の連絡をもらい、参加人数を把握する。

資料作成のコツ

ポイントは簡潔にまとめる

資料は多ければいいというものではない。プロジェクトの規模にもよるが、A4サイズで3枚ぐらいまでを目安にする。

資料の扱いを明記する

情報漏洩を防ぐため、「部外秘」「社外秘」など、資料の扱いをはっきりさせる。

用紙サイズをそろえる

サイズを統一し、複数枚あるときにはクリップやホチキスなどで左上を留めてとじる。縦書き書類の場合は右上を留めるとよい。

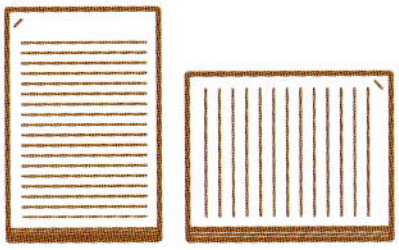

資料をコピーするときの注意点

資料は必要な部数をコピーする前に資料を1部作って全体の確認を行い、誤字、脱字、全体の流れなどをチェックします。読みやすいように以下のポイントに注意してコピーをとりましょう。なお、守秘義務の観点も必要です。不安な場合は確認の上用意しましょう。

原稿のセットは慎重に

原稿のサイズに合わせ、位置や向きに気をつけながらズレないようにセットする。斜めに置くと、端が切れるなど読みづらい資料になるので気をつける。

設定を確認

用紙サイズ、倍率、濃度、枚数などを正しく設定する。資料に写真やグラフなどがある場合は、濃くすると見づらいので濃度にも注意を怠らないこと。

コピー画面の汚れをチェック

原稿をセットするガラス面に修正テープやのりなどの汚れがついていると、コピーした資料も汚くなってしまうので事前に確認をする。

元原稿からのコピーを

コピーした資料からのコピーは、文字がかすれて読みにくくなる。元の原稿や資料からコピーをとるようにしよう。

先輩の体験談

発表の準備も必要！

会議の資料を PowerPoint で作成しました。会議当日、持ち運び可能な PC を使って、その資料のスライドショーを行ったら、なんと文字の最後が全部切れていたんです。自分でも慌ててしまい、参加者にとってもわかりにくい、後味の悪い発表をしてしまいました。（デパート・企画営業／ 20 代・女性）

マナー講師の 気遣いPOINT

リセットするマナーを

コピー機を使った後は、原稿の置き忘れがないかを必ずチェックしましょう。設定を変えたときには、次に使う人のことを考えてリセットボタンを押し、標準設定に戻しておくのがマナーです。最近はFAXなどとの複合機を使うオフィスが多いため、基本的な使い方は早めにマスターしておきたいものですね。

Rule 20

積極的に参加する気持ちが大切

会議に参加する心がまえ

ココがPOINT

1 | 資料には事前に目を通し、自分の考えをまとめておく
2 | 開始時間の5分前には会議室へ入る
3 | 会議室での席次に従って着席する

会議には準備万端で臨む

会議には、必要な情報を集めて伝えるものと、問題の対策や解決法を話し合うものの2種類があります。**会議に参加する前は、配布された資料に目を通して、自分なりの意見や疑問点などをまとめておきましょう**。自分が発表する場合には、発表のシミュレーションをして、入念な準備をしておきます。また、遅刻をすると会議が始められず参加者全員に迷惑をかけるため、会議が始まる5分前には会議室へ入り、席に着きましょう。

■会議に参加するときの心得4カ条

1 事前に資料を読む
会議の目的やテーマをふまえて資料を読み、自分の意見や疑問点などをまとめておく。メモやパソコンなどに書き留めておくとよい。

2 筆記用具などを持参する
メモを取るためのノートや筆記用具、発表に必要なパソコンなどを忘れずに持っていく。後で活用しやすい形式でメモを取ろう。

3 時間厳守で出席する
遅刻者によって開始が遅れると、参加者全員の貴重な時間がムダになってしまうため遅刻は厳禁。開始5分前には着席すること。

4 席順に気をつける
会議中、若手社員は資料の追加コピーなどを頼まれることが多いため、出入りしやすい入り口付近の下座に座ること。

会議室の席次

会議室にも上座、下座などの席次のルールがあります。基本は入り口から遠い席が上座、入り口に近い席が下座です。議長がいちばんの上座につき、ほかの出席者は役職の高い順に、議長から見て右手奥から着席します。誰がどこに座り、自分はどこに座るのかを事前に確認しておきましょう。

※①から順に上座→下座

円卓型

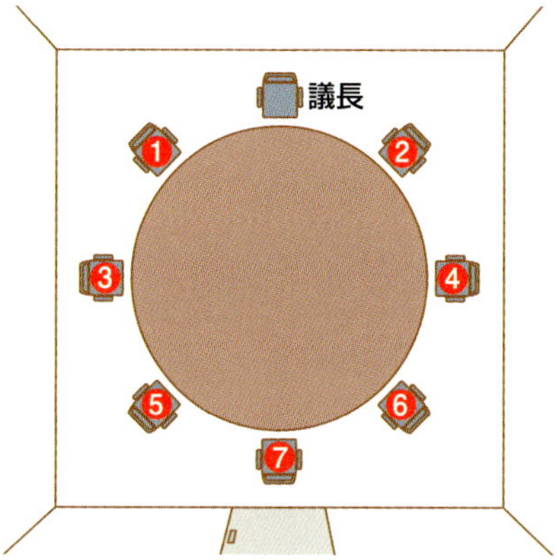

対面型

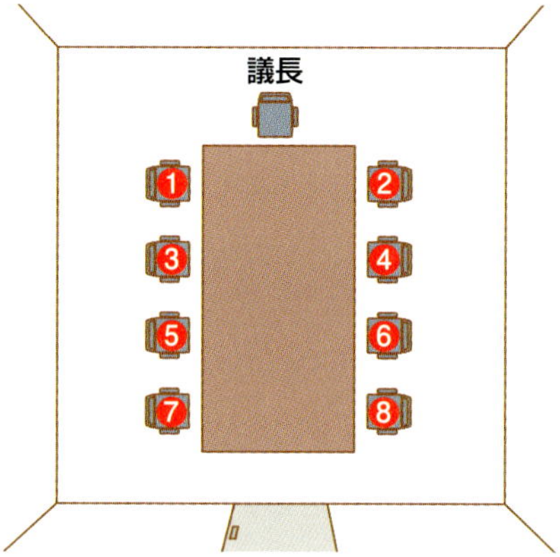

コの字型

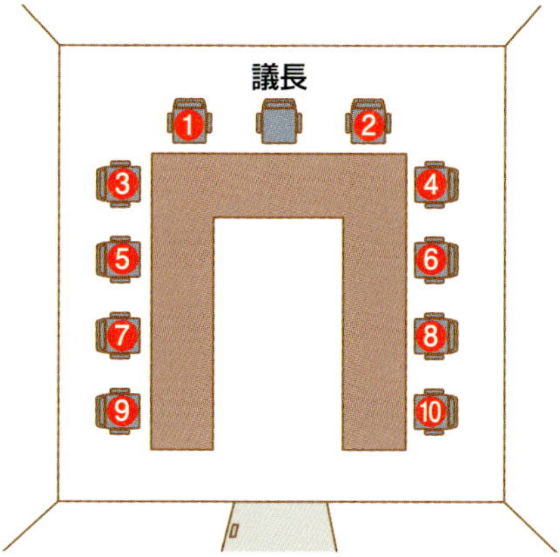

当日の準備にも積極的に取り組む

会議の当日には、さまざまな事前準備が必要となってきます。自分の準備だけで安心するのではなく、こうした事前準備に積極的に取り組むのも、大切な心がまえのひとつです。先輩や上司が会議を取り仕切っている場合などは、手伝えることがないか声をかけてみましょう。

主な当日の準備

- ボードやプロジェクター、マイクなど必要な機材の準備
- 椅子や机を参加人数に合わせてセッティング
- 人数分の資料や場合によって飲み物を用意
- 社外の人が参加する場合などは開催場所への参加者の誘導

Rule 21

活発な意見交換の場にするために

会議中のマナー

ココがPOINT

1 「討議」では意見交換し、結果を共有する
2 発言は承諾を得てから要点をまとめて話す
3 聞くときはメモを取り、考えながら聞く

発表を聞き、積極的に意見交換する

主な会議の流れは次のようになります。まず、会議を催した担当者などから、会議で話し合う趣旨を簡単に説明します。次に行われる「討議」では、発表者は資料やデータを使って計画や報告などを行います。データや機材を使うと、内容に説得力を持たせることができます。**参考になった発表などは要点をメモしておきましょう**。意見を交換し合い、導かれた結果やまとまらなかった意見、疑問点などを整理し、参加者全員で確認します。

■会議終了時は

次回にまた会議が開かれるなら、その日時や話し合うテーマを決めます。会議の担当者は、会議の内容を議事録にまとめ、必要な人に送付・提出をします。議事録はその後の会議や業務内容に生かすための重要な資料になるので、結果だけではなく貴重な意見なども記します。

討議中のポイント

発言するときのマナー

発言者の話をさえぎらない

人が意見を述べている最中に、急に質問をしたり反論をしたりするのは失礼。進行を乱さず、話は最後まで聞くことが大切。

発言は承諾を得てから

発言するときは、挙手をするか、「よろしいでしょうか」などと声をかけ、司会者に指名されてから発言する。

意見は結論から言う

要点をまとめて結論から話し、説明する。テーマから外れた内容を述べたり、感情的に反論したりするのはマナー違反。

聞くときのマナー

姿勢を正して聞く

人の発言中は、姿勢を正して真剣に聞くこと。だらけた姿勢、腕組み、あくび、頬づえ、居眠りなどをしてはいけない。

要点はメモを取る

人の意見を聞き、そのポイントをメモに取ること。自分が意見を述べるときにそのメモが役立つこともある。

活発な意見交換を

指名を避けるような消極的な態度をとらず、積極的に発言すること。発言者に注目し、自らも考えながら聞こう。

NG例　やってはいけない、会議中のタブー

× 意見がはっきりしない

発言を求められたとき、はっきりしないことを言うのはNG。率直な意見を述べ、採決時にもきちんと挙手をして意志を表明する。

× たびたび席を外す

やむを得ない事情がある場合を除いて、会議中の離席は避けること。トイレなどは前もって済ませておく。離席するときは静かに立つ。

× 携帯電話が鳴る

会議中は電源をオフにするか、マナーモードにしておくのが常識。着信音が会議室に鳴り響くことはかなり印象が悪いものです。

マナー講師の 気遣いPOINT

積極的に後片付けを

会議の後片付けも積極的に手伝いましょう。マイクやプロジェクター、パソコンなどの機材やカップの片付け、テーブルの清掃などを行います。ゴミや吸い殻などがあれば片付けましょう。テーブルに残っている資料などは会議の開催担当者に渡して、会議室を元の状態に戻します。

Check! 社内業務のマナー 2章

理解度確認テスト

社内業務のマナーについて、理解度をチェックしてみましょう。1～10について、正しいかどうかを○×で答えてください。不正解だったものは指定ページに戻って復習しましょう。

Question

1	出勤時に電車が遅れ遅刻しそうだが、間に合うかもしれない場合は急いで向かう。	□
2	上司に呼ばれたら返事をし、席に座ったまま落ち着いて指示を聞く。	□
3	直帰する際は終業時刻を過ぎていても会社に連絡して上司の指示を仰ぐ。	□
4	隣の席にいる人に電話を取り次ぐ際は受話器を手でおさえて口頭で伝える。	□
5	クレーム電話に対応する際、自分では判断できない場合は折り返し電話にする。	□
6	エレベーターでのご案内は、目的階でまず自分が先に降りて誘導する。	□
7	応接室ではひじかけ椅子ではなく長椅子をお勧めする。	□
8	お茶を出す際はまずテーブルに茶たくを置き、後から茶碗をのせる。	□
9	お見送りの際は、お客様が見えなくなるまで見送る。	□
10	話をしっかり聞くため、会議中はメモを取らずに集中する。	□

Answer

1	×	「遅刻しそう」とわかった時点で会社に連絡を入れましょう。	P058 070
2	×	すぐに返事をして席を立ち、メモと筆記用具を持参しましょう。	P064
3	○	直行・直帰には上司の許可が必要です。	P070
4	×	電話を取り次ぐ際は必ず保留音を流します。	P076
5	○	不用意な発言はトラブルに発展する可能性もあるので上司に確認を。	P082
6	×	目的階に着いたら、先にお客様に降りていただきます。	P086
7	○	お客様には必ず上座を勧めましょう。	P088
8	×	サイドテーブルなどで茶碗を茶たくにのせてからお出しします。	P090
9	○	相手の姿が見えなくなるまで見送るのがマナーです。	P092
10	×	会議中は要点をメモに取りながら話を聞きましょう。	P098

3章

社外で愛される！

訪問・接待でのマナー

Rule 1

訪問はスムーズなアポイントから

訪問の事前準備・アポイントの取り方

ココがPOINT

1 | アポイントは訪問希望日の1週間前までに
2 | 訪問の日時は相手の都合を優先して決める
3 | 訪問の日時・場所などはしっかり確認をする

訪問前のアポイントは慎重に、ていねいに

営業活動などで他社を訪問する場合、一般的には事前にアポイント（面会の約束や予約）を取るのがマナーです。前日に急に訪問したいとお願いするのは失礼なので、**1週間ほど前までには電話で連絡を取りましょう**。電話では、自分の会社名と名前を名乗り、訪問の目的を伝えます。相手の了承を得たら、相手の都合に合わせて訪問の日時や場所を決めます。事前に複数の候補日を設けておき、お互いに都合のよい日時を調整して決めるとよいでしょう。

■アポイントのタイミング

希望の1週間前までに

アポイントは余裕を持って早めに取るようにしよう。基本は、訪問を希望する日時から1週間前までを目安にする。

避けたほうがよい日時を考慮

訪問先の人が朝礼や会議などで忙しい始業時や終業時をはじめ、昼休みや月末・期末などの繁忙期は避ける。

前日に確認の電話を入れる

アポイントから訪問日までに日数がある場合、先方の都合に変更はないか、前日に電話をして確認しておくとよい。

■上手なアポイントの取り方

1 身分を明かし、訪問の目的などを伝える

社名、自分の名前、訪問の目的、所要時間を伝え、訪問のお伺いを立てる。声だけの交渉なので、簡潔に、明るくハキハキと伝えること。

2 訪問の日時を決める

訪問のお願いに対して相手の了承を得たら、同席者の有無や訪問の候補日、時間帯などを伝え、相手の都合を優先して日時を調整する。

3 訪問の要点を復唱・確認する

訪問の日時と場所、同行人数、担当者名などを復唱して確認する。また、先方からの日時変更などに備え、自分の連絡先も伝えておく。

4 お礼の言葉で締める

最後に、面談承諾への感謝の言葉を述べて電話を切る。メールアドレスを知っている場合は、メールで詳細を送信すると間違いを防げる。

アポイントを取る前に決めておくこと

- ●訪問の目的（先方のメリット）
- ●希望日時（ほかの候補日時も）
- ●訪問人数（同行者の有無）
- ●訪問手段（駐車場の有無など）

アポイントを取るとき必要なもの

- ●資料（要件、先方のデータなど）
- ●スケジュール帳（カレンダー）
- ●メモ帳・筆記用具

■訪問までに準備しておくこと

用件を整理する

相手によりよく理解してもらうため、話の手順をわかりやすく整理し、予想される質問には事前に答えを用意しておく。

訪問先の所在地を確認する

交通機関、最寄り駅からの交通手段、移動の所要時間、また、車で行く場合は駐車場の有無などを確認する。

資料を準備する

訪問先に合わせて商品カタログ、サンプル、企画書などを人数分より少し多めに用意。初めての訪問先には自社の会社案内も持参して渡す。

訪問先の情報を集める

訪問先の下調べは必須。業務内容、自社との関係、面会者の肩書きなどを調べておく。会社四季報やHPはチェックしておこう。

先輩の体験談

訪問前の企業研究は大切

アポイントを取り、初めての会社を訪問しました。電話でのイメージとは違って、担当者がかなり細かく確認を取られる方で、技術の詳細について質問されて対応に困りました。しっかりと事前に企業研究をしていれば、もっときちんと対応できたかもしれないと反省しました。（メーカー・営業／20代・男性）

マナー講師の 気遣いPOINT

日時を変更したいときは

面会をお願いした側からのアポイントの変更は失礼にあたります。しかし、やむを得ず日時の変更をお願いする場合は、できるだけ速やかに先方に連絡を入れましょう。まず、変更の理由を説明し、ていねいにお詫びすることが必要です。また、変更後の日時は先方の都合を優先して決め、復唱して確認を取りましょう。

Rule 2

ルールを守り失礼のないふるまいを

訪問時のルール

ココがPOINT

1 訪問先への到着の目安は約束の10分前
2 受付で社名・氏名・訪問相手を告げる
3 持参する資料は人数分＋α用意しておく

会社の代表として恥ずかしくない準備と心がまえを

初めての訪問先では、訪問者の印象がそのまま会社のイメージとして受け取られます。**自分が会社の代表であるという自覚を持ち、失礼のないふるまいを心がけましょう**。事前に、訪問先の事業内容や経営方針、製品の特徴などを把握しておくことも大切です。訪問時には身だしなみに気を配り、余裕を持って行動します。応接室では、勝手に座るなどのマナー違反に気をつけ、担当者が来たら自分からあいさつをし、時間を作っていただいたお礼を述べましょう。

■訪問時の持ち物リスト

- **訪問先の周辺地図**
  道に迷わないように
- **手帳・筆記用具**
  訪問先で借りないように
- **名刺**
  不足しないように多めに
- **携帯電話**
  緊急の連絡などで必要
- **資料・サンプルなど**
  人数分＋αを用意する
- **その他**
  レコーダー、ノートPCなど

■訪問時の流れとルール

1 持ち物や身だしなみをチェック
出かける前に必要な書類や資料、名刺など、忘れ物がないかをチェックする。また、服装や髪形、メイクなどについても事前にチェックしておく。

▼

2 10分前に到着、5分前に受付
初めて訪問する場所へは余裕を持って10分前に到着するくらいがよい。玄関を入る前にコートを脱ぎ、携帯電話はオフにし、5分前に受付へ向かう。

▼

3 受付で取り次いでもらう
あいさつをして、自分の会社名、氏名、訪問する相手の部署名と名前、約束の時刻を告げる。受付がない場合は、入り口付近の人に取り次ぎをお願いする。

▼

4 応接室へ移動する
席を指定された場合はその席に座り、特定の場所を指定されなければ下座に座る(P.89)。姿勢を正して浅く腰かけ、相手が来るのを静かに待つ。

▼

5 あいさつと名刺交換
面談相手が応接室に入ってきたらすばやく立ち上がる。相手の目を見ながらあいさつをして名刺交換をして、相手に席を勧められてから着席する。

▼

6 面談を開始する
できれば雑談をして、場の雰囲気を和ませてから用件を切り出し、商談を進める。専門用語などに注意し、相手にわかりやすく説明する。

▼

7 面談の切り上げ方
面談が終わったら、用件のポイントを再確認し、時間作っていただいたことへの感謝の言葉を述べ、「よろしくお願いします」と締めくくる。

▼

8 お礼を述べて退出する
荷物をまとめて立ち上がり、「本日はお時間をいただきありがとうございました」とお礼の言葉を述べて退出する。コート類は玄関を出てから着用する。

荷物の置き場にも注意
荷物は空いている椅子やテーブルの上に置かず足元に、コートはたたんで自分の椅子の後ろか横に置く。

マナー講師の 気遣いPOINT

遅刻しそうになったらすぐに連絡
道路の渋滞や交通機関のトラブルなどで約束の時間に間に合わない場合があります。このようなケースでは、できるだけ早く訪問先に連絡を取り、まずはきちんとお詫びし、遅れの事情を説明しましょう。また、到着予測時刻は見込みよりやや遅い時刻を伝え、さらなる遅刻で相手に不快感を与えないようにします。事情があったとしても、それはあくまでもこちら側の問題です。訪問先に着いたら、言い訳をせず、面談予定時刻に遅れたことについて誠意を持って謝罪しましょう。

Rule 3

ビジネスでは紹介にもルールがある

紹介のしかた・されかた

ココがPOINT

1 紹介順は関係の深い人から浅い人へ
2 紹介を依頼した側から先に紹介する
3 同じグループ内では役職が上の人から

ルールを習得し、人間関係をスムーズに

人を紹介し、紹介されることで広がる人脈。しかし、紹介のマナーを無視すれば、人間関係に大きなヒビが生じることもあります。特にビジネスシーンにおいては、紹介のルールを知り、守ることが重要です。なぜなら紹介順は、ビジネス上の関係性（役職の違いや親密度など）を伝える意味もあるからです。**基本は、目上の立場の人に対して目下の人を先に紹介するということ**。紹介する順番の基本ルールをきちんと把握し、より深い人間関係を構築しましょう。

■紹介するときのルール

先に紹介		後で紹介
社内の人	→	社外の人
売り手・受注側	→	買い手・発注側
役職が下の人	→	役職が上の人

注）取引先に複数の上司を紹介する場合は、役職が上の人から

役職をつけた呼び方

●**社外の人を紹介**
「名前＋役職」（例／田中販売部長）が基本。役職がない場合「○○さん（様）」。

●**社内の人を紹介**
役職を前につけ、名前は呼び捨てにする（例／販売部長の田中）。

■紹介のしかた

上司を取引先の担当者に紹介する

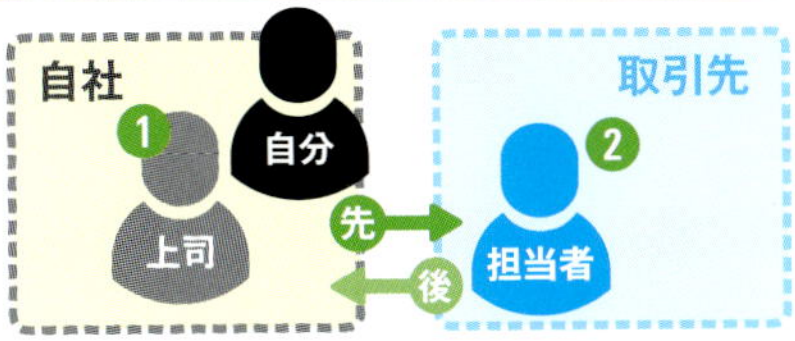

上司(❶)、取引先担当者(❷)の順。例):「弊社開発部長のAです」「こちらはB社開発部のC係長です」

複数の社員を取引先の担当者に紹介する

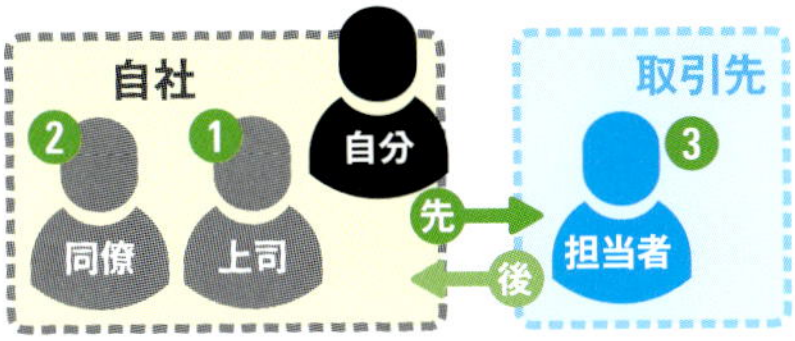

最初に社内の人を役職が高い順(❶❷)に紹介し、次に取引先の担当者(❸)を社員に紹介する。

お互いの担当者が複数の社員を紹介する

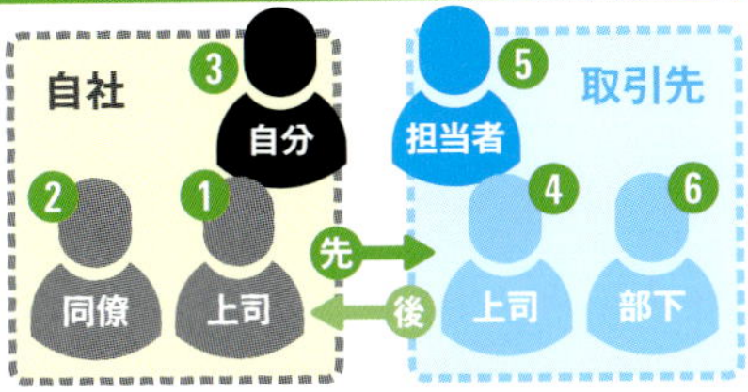

訪問側、もしくは受注側から役職順(❶❷❸)に紹介後、相手側の担当者が上司から順に(❹❺❻)紹介。

A社の人の依頼でB社の人を紹介する

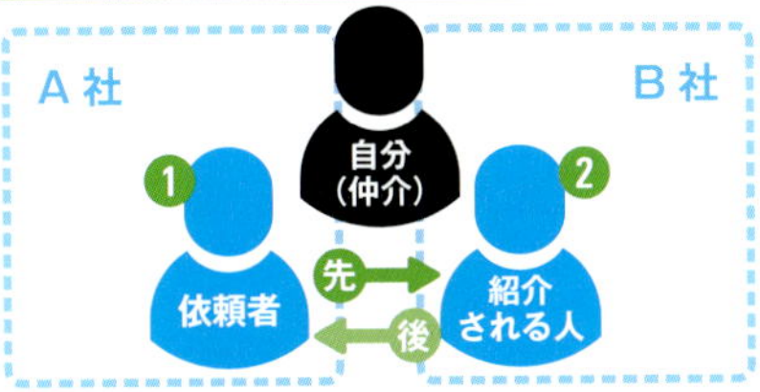

まずA社の人(❶)を紹介するとともに、自分との関係を簡単に説明し、B社(❷)の人を紹介する。

■紹介のされかた

自社の担当者に取引先を紹介してもらう

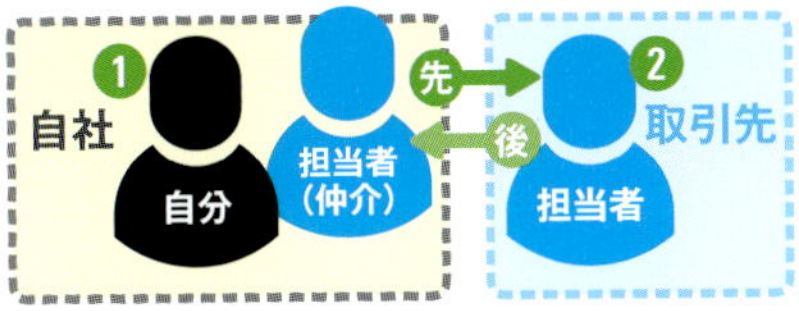

自社の仲介者が自分を紹介したら改めて自己紹介をする。例):「はじめまして。開発部のAと申します」など。

A社の人に依頼してB社を紹介してもらう

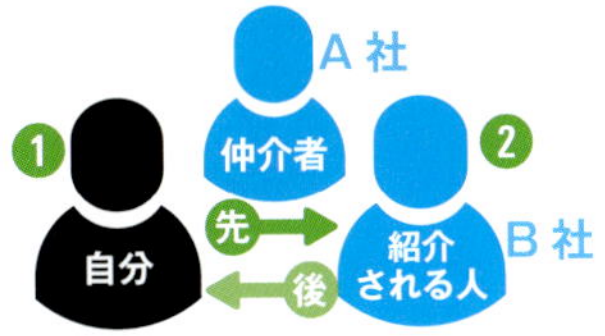

A社の人が自分を紹介したら改めて自己紹介をし、A社の人との関係を簡単に述べる。

マナー講師の 気遣いPOINT

社外の人を紹介するときは

見知らぬ人と人をつなぐ紹介では、ちょっとしたひと言を添えることを心がけましょう。たとえば、社外の人を紹介するとき、「好評いただいている新製品のパッケージをお願いしています」など、具体的な長所やプロフィールを添えることで、会話のきっかけとなります。お互いの興味を引くひと言によって、初対面でも2人の距離が急速に縮まることがあります。喜ばれる紹介のしかたを身につけることで、信頼を得ることもでき、幅広い人脈の構築にもつながるでしょう。

Rule 4

積極的なサポートで役割を果たそう

上司に同行するとき

ココがPOINT

1 | 上司の後に行動するのが基本
2 | 上司が必要としているサポートを行う
3 | 移動時は、席次のルールに従う

上司から学び、しっかりとサポートする

初めての訪問や大事な商談などで上司や先輩に同行する場合、自分の役割をしっかりと認識して準備することが大切です。**商談をまとめるスタッフの一員として、的確に上司をサポートすることが重要**なのです。たとえば、訪問前は資料の用意やスケジュールの調整を行う、タクシーでの移動時には助手席で道案内をする。商談中も、先方との会話をメモするなど、上司が必要としているサポートを察知し、積極的に行動しましょう。

■上司に同行する際のルール

上司の指示に従って準備をする
上司の指示を仰ぎ、資料やサンプルなど必要なものを準備する。

重い荷物は率先して持つ
資料や書類は率先して持ち、上司より一歩後ろを歩く。

上司の後に行動する
あいさつや退出は上司の後、座席は上司より下座に着席する。

上司の仕事をサポートする
資料を提出したり、メモを取るなど、上司をサポートする。

上司との移動時の席次

車での席次

タクシーの場合

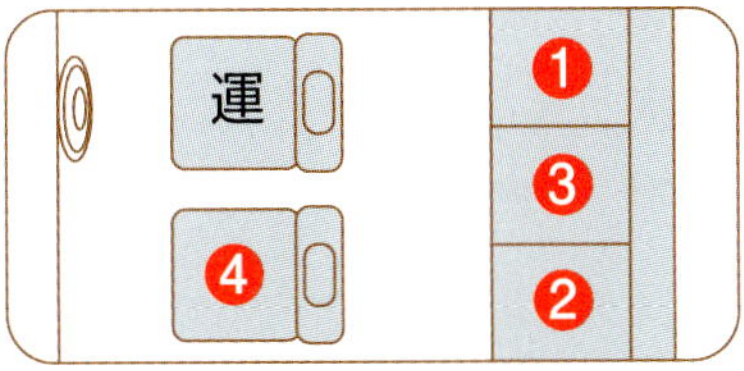

上座は運転手の後ろ（❶）の席。役職順に、2人の場合❶❷、3人の場合❶❷❹の順に。

個人所有の車の場合

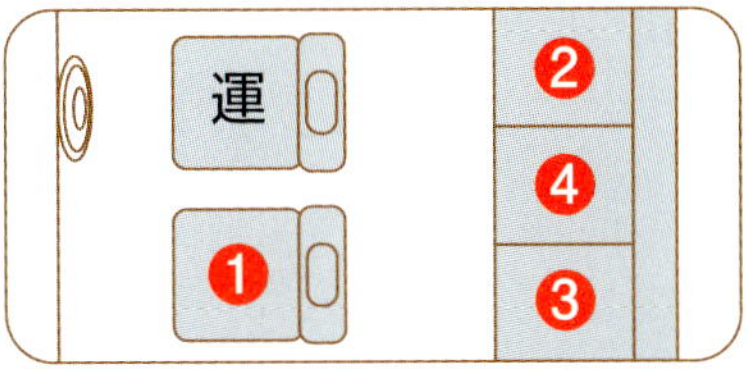

上司やお客様が運転するケースでは、助手席（❶）が上座となる。

列車や飛行機での席次

横5列シートの場合

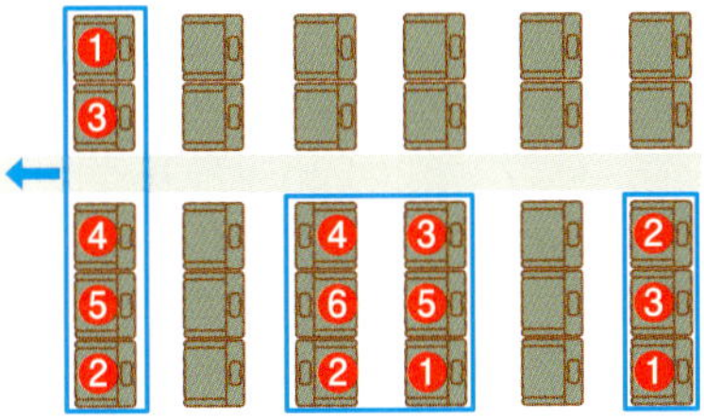

通路側より窓側（❶❷）、3人掛けよりも2人掛け（❶）の方が上座。3人掛けでは真ん中（❺❻）、進行方向に背を向ける席が下座になる。

横4列シートの場合

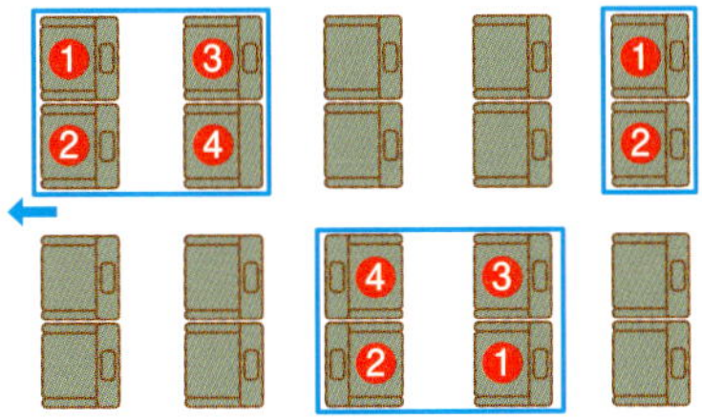

窓際が上座だが、4人で座る場合は、❸よりも❷が上座となる。4名が向かい合う席に座るときは進行方向を向く席（❶）が上座。

上司のホンネ

仕事ぶりを盗んでほしい

商談などで部下が同行する場合、気配りにすぐれ、サポート上手な部下は頼りになります。しかし、それだけでは不足で、自ら積極的に学び、仕事ぶりを盗むくらいの積極性がほしいと思います。上司はどのように交渉を進めているのか、自分なりに考え、吸収してほしいですね。（メーカー・開発／50代・男性）

マナー講師の 気遣いPOINT

席次は目安と考える

席次のルールに従い、窓際が上座だとしても、場合によっては、席次を替える気配りも必要です。たとえば、通路側を好む方には通路側の席を勧め、車で奥の席まで入りづらいスカートをはかれた女性などには手前側の席を案内するなど、臨機応変に対応したいものです。そういう対応力も上司はきちんと見ているはずです。

Rule 5

事前準備で打ち合わせはスムーズに

社外での打ち合わせ

ココがPOINT

1 | ホテルのロビーなど待ち合わせ場所はわかりやすく
2 | 事前に打ち合わせ場所の地図などを送る
3 | 打ち合わせを依頼した側が費用を支払う

打ち合わせを依頼した側が率先して取り仕切る

お互いの時間的な都合などで、会社以外の場所で打ち合わせや待ち合わせをするケースもあります。このような場合、**依頼した側が率先して打ち合わせを仕切り、場所の選定、飲み物の注文、飲食代の支払いなどを行います**。社外での打ち合わせについては、必ず上司に報告しましょう。打ち合わせ相手が飲食代の支払いを先に済ませてしまったというケースでは、上司からお礼の電話を入れてもらうなどのフォローも必要です。

■待ち合わせの準備

1 **わかりやすい場所で待ち合わせ**
ホテルのロビーや駅の改札など、わかりやすく便利な場所を選ぶ。

→ 2 **初対面なら目印を決める**
社名入りの封筒を持つなど、お互いに目印になるものを決めておくとよい。

→ 3 **携帯電話の番号を伝える**
電車の遅れや急な予定変更などに備え、携帯電話の番号を伝えておく。

→ 4 **場所の詳細を送る**
地図、住所、目印など、待ち合わせ場所の詳細を送っておく。

待ち合わせのマナー

待ち合わせ場所には早めに到着

約束の10分前には待ち合わせ場所に到着しておく。待ち合わせ相手が先に来ていないかを確認し、わかりやすい席に着く。

店内では入り口を向いて座る

喫茶店などでは、相手が入店したときにすぐにわかるよう、入り口に顔を向けて背筋を伸ばして待機する。

自分から先に声をかける

それらしい人が来たら自分から近づいて、明るくはっきりと声をかける。自分の名前を名乗り、相手の会社名などは出さないように。

社外での打ち合わせ時の注意点

会えずに帰る場合は伝言を残す

相手に会うことができず、携帯電話もつながらないなどのケースでは、相手の会社に電話を入れ、帰ることを伝える。

打ち合わせは飲み物が来てから

会話が中断されないよう、打ち合わせは飲み物が来てから開始するのが一般的。話が長引いた場合、45分を目安に飲み物を追加注文する。

支払いはスマートに行う

打ち合わせを頼んだ側が飲食代を支払う。トイレに立ったときに支払うなど、相手に気を使わせないような行動を心がけよう。

大きな声で打ち合わせをしない

面談中は、大きな声で周りに話の内容が漏れないよう留意する。社外では重要な内容には触れないようにしよう。

先輩の体験談

連絡先がわからずに立ち往生

社外での打ち合わせでは、相手の連絡先を控えておくことを忘れずに。以前、相手の携帯電話の番号を控えずに外出してしまい、打ち合わせ場所付近で立ち往生してしまいました。相手の会社に連絡しても携帯電話の番号を聞くのが難しい場合もあるので、会社を出る前に確認したいですね。（商社・営業／30代・男性）

マナー講師の 気遣いPOINT

初対面の相手との待ち合わせ

顔を知らない同士ですから、スムーズに出会うためには目印となるものが欠かせません。社名やロゴマークが入った封筒、服装や髪形など、わかりやすい特徴を知らせておきます。また、現地では「今着きました。南口改札の1番切符売り場前です」などと、携帯電話で知らせると、スムーズに会えるでしょう。

Rule 6

訪問先の生活スタイルを考慮して

個人宅への訪問

ココがPOINT

1 | **訪問は午後2時〜4時の間を目安に**
2 | **約束の時間より早くには訪問しない**
3 | **靴下やストッキングはきれいなものを着用する**

生活の場にお邪魔していることを忘れずに

個人宅を訪問する場合、基本マナーは会社訪問と同じですが、個人宅ならではの配慮も必要です。早朝や食事の時間帯の訪問は避ける、書類の受け渡し程度であれば玄関先で済ませる、用件が済んだら速やかに帰る、など**相手の生活スタイルを考慮する気遣いが求められます**。先方から「上がってください」と招かれてもご家族も同じ心持ちだとは限らないので、配慮して判断しましょう。ちょっとした手みやげを持参するなど、ご家族への気配りも大切です。

■訪問の準備とマナー

相手の都合を考えて訪問時間に気を配る

午前中の早い時間帯や食事の時間帯を避けること。アポイントの電話や訪問は午後2時から4時ぐらいを目安にするとよい。

訪問前に身だしなみをチェックする

靴を脱ぐことを考え、靴下やストッキングの汚れ・破れに注意しよう。女性はミニスカートなど正座しにくい服装は避ける。

訪問時の気配りを忘れずに

個人宅の場合は約束の時間より前に訪問しないよう注意し、用件が済んだら速やかに帰るように心がける。

■個人宅訪問の流れ

到着
約束の2、3分前に到着し、玄関に入る前にコート類を脱ぐ。約束時間ちょうどにインターホンを押す。

玄関先
玄関では立ったままであいさつをし、社名、部署名、名前を述べて、名刺を渡す。ご家族の応対の場合、社名と名前、アポイントを取っていることを伝える。

家に上がる
「失礼いたします」と言って前向きで靴を脱ぎ、上がってから家人におしりを向けないように振り返り、靴先を玄関に向けて靴をそろえる。

入室
応接室での対応は、会社を訪問するときと同様。和室に通された場合は、座布団の上には座らず、下座に正座し、勧められてから座布団に座る。

面談
ダラダラと話さず、手早く用件を切り出し、長居しないように心がける。また、部屋をじろじろ眺めたり、部屋のものに勝手に触れたりしない。

辞去
用件を済ませたら、切りがよいところで、「そろそろ失礼いたします。本日はお時間をいただきましてありがとうございました」と切り出す。玄関を出るときは、ていねいにお礼を述べて帰る。

玄関での靴の脱ぎ方

コート類や荷物は、家人の許可を得て、下駄箱がある上がりかまちの隅に置く。

「失礼いたします」と言って、玄関を背にして前向きのまま靴をそろえて脱ぐ。

家人におしりを向けないよう腰を落とし、靴先を玄関に向け、中央をさけて片隅に寄せてそろえる。

先輩の体験談

食事を固辞したら逆に…

若い頃、用件を済ませたら速やかに帰るのがマナーだと思い、食事のお誘いを固辞して帰りました。しかし、人をもてなすのが大好きなお客様だったらしく、その後気まずい雰囲気に。せっかく用意された食事を断るのはかえって失礼になることもあるので、臨機応変な対応も必要ですね。（販売・営業／30代・女性）

マナー講師の 気遣いPOINT

家族への配慮を忘れずに

個人宅への訪問では、相手だけでなく、ご家族への配慮も必要です。電話の取り次ぎやお茶を出していただくなど、ご家族にも気を遣っていただくことになるので、上司に相談した上で、手みやげを持参するのもよいでしょう。また、訪問時や帰る際には、きちんとしたあいさつを心がけましょう。

Rule 7

和室ならではのルールを知る

和室でのマナー

ココがPOINT

1 | 和室で座る位置は入り口に近い下座に
2 | あいさつをするときは座布団をはずして
3 | 畳の縁、敷居を踏まないなど和室のルールを守る

和室でのきちんとした作法をわきまえる

個人のお客様に大きな契約を結んでいただいたときや、クレームへの対応で訪問するときなど、ビジネスでお客様のご自宅を訪ねる機会はさまざまです。さらに先方で通される部屋も洋室ばかりとは限りません。和室に通される場合もありますので、和室での基本的なマナーを覚えておきましょう。**席次、あいさつやお辞儀のしかた、座布団の扱いなど、礼儀正しいふるまいが求められます。**訪問の当日に慌てることのないよう、事前にきちんと覚えておきましょう。

■和室の席次

1 **最上の席は「床の間」の前**
花や掛け軸などを飾る「床の間」があれば、その前か床柱（脇の化粧柱）の前が最上の席になる。

2 **出入り口に遠いほど「上座」**
部屋の奥ほど「上座」になる。

3 **景色のいい席が「上座」**
床の間がなければ、窓や絵画が見える側が「上座」。

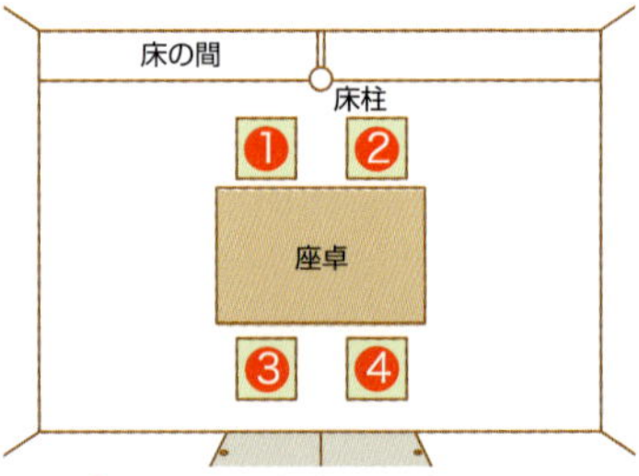

※❶から順に上座→下座

和室でのふるまい方

座布団の作法

1 部屋の下座側にあたる座布団の横に座る

席を勧められても、あいさつ前に座布団には座らない。まず座布団の横（部屋の下座側）に正座する。

2 あいさつを述べてお辞儀をする

相手が着座したら、あいさつの言葉を述べてお辞儀を。相手に勧められてから座布団に座る。

3 勧められたら座布団の上に

座布団を勧められたら、軽く握った両手をついて体を支え、座布団の上に上がって、きちんと正座する。

4 退出時は座布団を外し立ち上がる

座布団の上に立つのはマナー違反。両手をついて座布団の後ろ側ににじり下り、立ち上がる。

お辞儀の作法

1 正座した状態からハの字に手をつく

背中は伸ばしたまま、上体を前に倒していく。手はももの上を滑らせて膝の前につき、ハの字型にする。

2 ていねいさの度合いは上体の傾きで表す

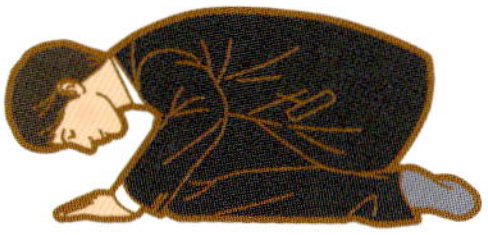

普通のお辞儀なら上体が水平になる程度に。最敬礼なら、顔が床から5センチに近づくまで倒す。

荷物の置き場所は

コートやカバンなどの大きな荷物は、相手に断って玄関の隅に置く。小さな荷物は、自分の横に座卓に隠れるように置くとよい。

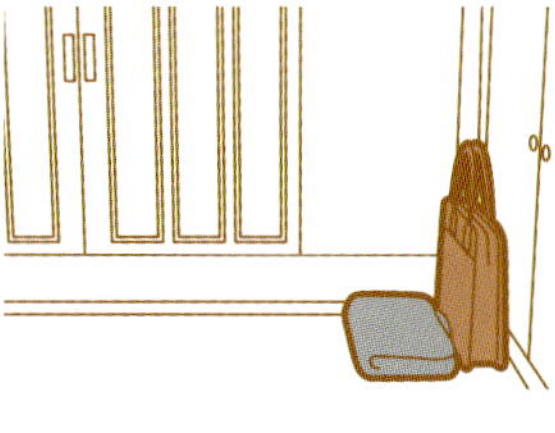

スリッパを勧められたとき

和室に入る際は、入り口で正面を向いたままスリッパを脱ぐ。室内に入ったら体の向きを変え、腰を落とし、スリッパの向きを正す。

NG例

和室でしてはいけないこと

- 座布団を引き寄せる
- 座布団を踏む
- 座布団を裏返す
- 座布団の上でお辞儀
- 畳の縁や敷居を踏む
- 座卓の上に荷物を置く
- 立ったままふすまを開閉

Rule 8

喜ばれる品でビジネスを円滑に

手みやげのマナー

ココがPOINT

1 | 渡すタイミングは、あいさつの後
2 | 相手の部署の人数を考えて全員に行き渡るものを
3 | 手みやげが必要かどうか迷ったら上司に相談する

相手の身になって、喜ばれるものを

ビジネス上でも、年末年始のあいさつ回り、お礼やお詫び、お見舞いなど、手みやげがあったほうがいいシーンは多いものです。手みやげが必要かどうかの基準は会社によって異なるので上司に相談します。のし紙や名目を付ける場合は、商品を購入した店で相談してもよいでしょう。**手みやげ選びの基本は、相手の側に立って、もらってうれしいもの、役に立つものかどうか**。分けるのが難しいものやすぐ傷むものなどは迷惑になる場合もあるので注意しましょう。

■手みやげを渡すタイミング

相手との正式なあいさつの後に渡す

応接室などに通されたら、座る前に正式にお礼やお詫びの言葉を述べ、手みやげを渡す。紙袋から出し、相手に正面を向けて渡し、紙袋は持ち帰る。

早く渡したほうがよいときも

溶けやすいアイスクリームなどの場合は、出迎えを受けた後すぐに、中身を伝えて紙袋ごと渡す。

■手みやげを選ぶときに確認するポイント

用意する前の確認点

- 手みやげが必要かどうか
- 会社での決まりがあるか
- 予算はいくらか
- 名目はどうするか（○○祝など）
- のし紙をつけるか

選ぶときの確認点

- 贈り先の部署の人数：職場の全員に行き渡る数のものにする。
- 日持ちの日数：長い休みの前や贈答品が集まる時期は、賞味期限の長いものを選ぶとよい。
- 冷蔵庫の有無：アイスクリームなどの選択基準になる。

■シーン別の手みやげ選び

年末年始のあいさつ回り

年末のあいさつには、社名入りのカレンダーが手みやげの定番。一方、年始のあいさつの場合は、「お年賀」ののし紙をつけた白いタオルが定番といえる。ただ、定番の品にこだわらず、お客様の好みに合わせてお菓子や飲料などにしてもよい。

NG例

こんな品物はNG！

- 訪問先の近くで購入したとわかるもの
- 部署内で分けるのが面倒なもの
- 相手の会社のライバル会社の商品
- 味や香りにクセがあるもの
- ４個、９個入りの商品など不吉な連想をさせる個数

契約がまとまったときなどのお礼

職場内で分けやすく、日持ちもする、個別包装の焼き菓子などが定番。自分の会社の近くにある名店の品や、関係会社が扱っている人気商品などなら、相手の印象にも残りやすい。

お詫びをするとき

取引先に迷惑をかけてしまった場合、お詫びの気持ちが伝わる品物を用意する必要があるが、金額の目安や品物などは上司に相談して決める。個人のお客様へのクレーム対応も同様に相談する。

先輩の体験談

ライバル会社の商品とは知らずに……

取引先の食品メーカーへ契約延長のお礼に伺ったとき、老舗の洋菓子店の人気商品を手みやげに持っていったのですが、取引先の担当者はそれを見て苦笑い。その洋菓子店が数カ月前にライバル会社に買収されたそうで……。気を利かせたつもりが逆の評価で、すごく落ち込みました。（流通・営業／30代・男性）

マナー講師の 気遣いPOINT

ワンランク上の手みやげ選びとは

相手の好みや、その会社が社内での飲食にどこまで寛容かなど、情報量が多いほど、相手が喜ぶ手みやげを選べるはずです。よく知っていれば、通常は避ける生菓子なども選べるので、より喜んでもらうこともできます。期間限定・地域限定の人気商品、要予約の名品などについて詳しい知人に聞いてみてもいいでしょう。

Rule 9

服装や態度でも誠意を表して

クレーム対応での訪問

ココがPOINT

1 お客様の感情に寄り添い、誠実に話を聞く
2 解決策の提示は、謝罪の後に
3 誠意の伝わるきちんとした身だしなみを

相手の話を受け止め、誠実さを示す

クレーム対応には、電話や来店時の対応のほか、状況によってはこちらから訪問して対応する場合もあります。電話とは違い、直接お客様と対面することになりますので、**態度や表情、服装も含めて、相手に誠意を示すように心がけましょう**。電話でのクレーム対応と同じように、まずは相手の話に誠実に耳を傾け、怒りの感情などすべてを受け止めることが大切です。謝罪の際は全面謝罪と部分謝罪の使い分け（詳しくはP.82）も適切な対応には必要不可欠です。

■クレーム対応での訪問までの流れ

1 クレームの内容を把握する
クレームの連絡を受けたら、まずは相手の話に誠実に耳を傾け、トラブルの具体的な内容などについて聞き取りを行う。

▶

2 きちんとした謝罪
ご迷惑をおかけしたことに対してきちんとお詫びをする。状況に応じて、部分謝罪、全面謝罪を使い分ける。

▶

3 上司や関係部署に報告し指示を仰ぐ
クレームの内容を上司や関係部署に報告し、解決策について相談する。報告は迅速かつ正確に伝えるよう心がけて。

▶

4 訪問の日時を決める
相談の結果、訪問することが決定した場合は、先方にアポイントを取り、相手の都合を優先して訪問の日時を決める。

クレーム対応での訪問の基本

事前の準備を万全に整えておく

社内で問題に対する解決策、代替案などをきちんと検討してから訪問する。必要に応じて手みやげを用意する。

相手の話を誠意を持って聞く

相づちを打ち相手の心情を受け止めながら、誠意を持って話を最後まで聞く。相手の話を途中でさえぎらないこと。

謝罪と解決策の提示

ミスの原因を伝えて謝罪し、解決策を提示する。このとき、十分に恐縮した態度を示すことも大切。声のトーンなどにも注意する。

対面でのクレーム対応のポイント

姿勢

手は身体の前でそろえ、やや前傾姿勢で。足を広げて立つと横柄な印象を与えるので注意しよう。

立ち位置

真正面はより対峙する印象を与えるので、相手の斜め前に立つ。お客様との距離は1メートル程度を目安にする。

会話

こちらに言い分があっても、相手の話は途中でさえぎらず最後まで聞く。大事な部分は復唱して確認をしよう。

上司のホンネ

謝ればいいというものではない

部下が担当して納入した機器について、私に相談せず独断でクレーム処理をしたことがあります。部下はお得意様の怒りに過剰反応して、きちんと原因究明もせずに平謝りをしてしまい、こちらが全面的に責任を負うという流れに。後になって双方のミスが原因とわかったのですが……。（メーカー・営業／40代・男性）

マナー講師の 気遣いPOINT

クレーム対応をチャンスに

相手の怒りを受け止めなければならないクレーム対応は、精神的にもつらいもの。しかし、そうした非常事態に適切に対処して納得していただくことができたら、お客様の信頼感は大きくなります。クレーム対応は、お客様に教えていただける貴重な機会とポジティブに考えて、誠実に対処しましょう。

Rule 10

事前準備とこまめな連絡を忘れずに

出張するとき

ココがPOINT

1 | 確認事項や用意するものをリスト化して準備する
2 | 申請書など社内の事務手続きは早めにきちんと
3 | 帰社したら、訪問先へのお礼を忘れずに

余裕のあるスケジュールで連絡を密に

長距離の移動をともなう出張は、つい旅行気分になりがちですが、業務の一部であると強く認識して臨みましょう。まず、出張の目的をはっきりさせ、そのために必要な情報や資料をまとめて、余裕のあるスケジュールを立てます。出張の申請書や仮払いの申請書など、社内の事務手続きは早めにきちんと行いましょう。**上司が同行しない場合は、出張先からのこまめな連絡が大切です**。帰社後は訪問先へお礼の電話を入れ、経費の精算などは早めに処理しましょう。

■一般的な出張前の手続きの流れ

1 上司に出張の許可を得る

若手は上司や先輩の出張に同行してサポートするケースが多いが、自分が企画した出張の場合は自分で上司の承認を得る。

2 出張申請書の提出

出張の訪問先や目的、日程などをフォーマットに従って記入し、上司に提出する。

3 スケジュール調整と予約

訪問日時の最終調整をして、ホテルや移動手段の予約を取り、仮払い申請も行う。

4 出張日程表の提出

訪問先・宿泊先などもわかる日程表を提出する。

5 持ち物の準備

資料や手みやげなど忘れ物のないように準備する。

出張前の準備

確認しておくこと

- 出張の予算
- 出張日程
- 現地までの移動手段・時間
- 現地での移動手段・時間
- 訪問先の住所・連絡先・アクセス
- 宿泊するホテルの住所・連絡先・アクセス
- 手みやげが必要かどうか

用意しておくもの

- **資料類:** 必要な部数と予備を用意
- **名刺:** いつもより多めに用意する
- **パソコン:** 必要なデータ類が入ったもの
- **携帯電話・充電器:** 常に連絡が取れるように
- **手帳・筆記用具:** 筆記用具は予備も準備
- **手みやげ:** 現地調達はNG
- **現金・クレジットカード:** 現金は多めに。カードも複数枚あるとよい

出張中の注意点

定期的に報告を入れる

出張中は、上司への状況報告と自分宛ての連絡がないかの確認のため、こまめに電話を入れる。朝は行動予定、昼は中間報告、夕方は1日の成果と翌日の予定を。

時間には余裕を持って

慣れない環境の出張先では、電車の乗り換えで戸惑う、道に迷うなど、どんなトラブルに出会うかわからない。普段よりスケジュールに余裕を持たせよう。

体調管理をしっかりと

慣れないホテルでの宿泊、長い移動時間、気候の変化などにより、出張時は体調を崩しやすい。体調を崩すと仕事にも影響が出るので、十分に気をつけよう。

出張後の手続きの流れ

1 帰社の報告

上司や先輩に帰社のあいさつをして、訪問先での商談の成果などを報告する。留守中に仕事を分担してもらっていた同僚にもお礼を言って、仕事を引き継ぐ。おみやげがある場合は、部署全体に配る。

2 訪問先へのお礼

無事帰社したことを伝え、出張時の応対のお礼を述べる。

3 報告書の提出と経費の精算

出張の報告書を提出し、経費を精算する。

困ったときの対処法

- **予算をオーバーしたら？**
  宿泊代などが規定の予算を超えた場合、差額は自費で負担する。
- **職場におみやげは必要？**
  出張は業務なので、基本的には必要ない。しかし、不在の間お世話になった人への感謝の気持ちを表すために渡すことも。その場合も自費で購入する。

上司のホンネ

出張に旅行感覚で行かれても……

報告だけの業務だったため、若手社員に一人で出張に行かせました。すると、訪問先で歓待を受け、そのまま飲み回ったようで、夕方以降連絡が取れない状態に。別の取引先から問い合わせが入っていて、確認事項があったのに。翌朝、きつく叱りましたが、帰社したときにはけろっとした表情。たくさん買ってきたおみやげを配りながら、同僚に旅の思い出話を熱く語っていました。出張は業務で、個人旅行じゃないと言ってもわかってないようです。（食品・営業／30代・女性）

Rule 11

接待成功のカギは準備段階にあり

接待の準備

ココがPOINT

1 計画は1カ月ほど前に立て、店などの手配をする
2 接待の場所や内容は相手の好みを最優先
3 前日に相手の予定や店の予約などを再確認

お客様に喜んでもらうことを第一に準備を進めよう

お客様との関係を深めるため、宴席でおもてなしするのが「接待」です。ビジネス上の関係を超えて人と人との関係を築くことができれば、ビジネス自体も円滑に進むはずです。そのためには、**接待ではお客様に楽しんでもらい、おもてなしを喜んでもらうことが大切**。当日どう盛り上げるかに加え、会場やお酒・食事、手みやげなどの準備が重要になります。相手の趣味や好みを日ごろからヒアリングし、成功する接待をセッティングしましょう。

■接待相手のココを知っておこう

①趣味・特技	相手に合わせた接待の場所・話題を提供
②出身地・出身校	話のきっかけがつかめる
③嗜好	食べ物、お酒は何が好きか、タバコなどは？
④居住地	終電時間、車の手配などを考慮できる
⑤家族構成	手みやげを選ぶときの参考になる

接待の準備のポイント

相手に満足していただける接待を行うためには、準備段階での心配りが大切です。しっかりした準備を行うために、次のような確認事項をチェックして、早めに手配しましょう。

1 参加者を確定させる

上司と相談しながら、接待する側・受ける側の参加者を決める。相手側の役職とのバランスも考えて選ぶようにしよう。

2 日程を調整する

先方の都合も考えながら候補日を複数提案し、希望日を選んでもらう。予定日の1カ月ほど前には打診しよう。

3 予算を組む

接待の目的、参加人数などから予算を組み、上司に確認する。飲食費だけでなく手みやげ代や送迎費が必要な場合もある。

4 会場選び

お互いの交通アクセスを考えた場所で、相手の役職や年齢、好み、参加人数、予算などを考え、最適な店を探す。

5 会場を予約

選んだ会場を上司に伝え、了承をもらったら、早めに予約を入れる。店に参加人数、予算、好みなどを伝える。

6 日時・会場の連絡

日時、会場の場所と連絡先、参加予定者などを先方に伝え、店の地図を送る。案内状を作って送付する場合もある。

7 手みやげ・送迎の準備

手みやげはどうするのか、送迎は必要かなどは上司の判断を仰ぐ。必要な場合は確実に手配する。

8 前日の最終確認

接待の前日は、参加者への確認の連絡や店への予約確認などを行い、準備に不備がないかをチェックしよう。必要なら二次会の準備もする。

接待前日の確認点

相手に確認の連絡

相手に電話を入れ、翌日の会場や集合時間などを確認する。「明日はよろしくお願いいたします」とひと言添える。

店に予約の再確認

店に電話を入れ、翌日の開始時間や人数、コース内容を再確認。「よろしくお願いします」と、あいさつを。

手みやげ・送迎準備

必要なら手みやげや送迎の車を用意する。車代やタクシーチケットは、そのまま渡せるよう封筒に入れておく。

マナー講師の 気遣いPOINT

接待の習慣がない会社との付き合い

接待とは、取引先と食事などをともにすることで人間関係を深め、その後の仕事をスムーズにするためのものです。しかし、最近では接待に対して積極的ではない会社も増えています。そうした相手を無理に接待しようとすると、逆に相手との関係を損なうこともあるので、相手の会社の接待に対する姿勢に合わせることが必要です。まずは接待を受けていただけるか伺い、接待が不可なら、担当者レベルで楽しめるカジュアルなランチなどを提案してみるのもいいでしょう。

Rule 12

気配りを忘れず、場を盛り上げる

接待の基本

ココがPOINT

1 | グラスが空いていないかなど、周囲に気を配る
2 | 相手の興味をひく話題で楽しんでもらう
3 | 飲み過ぎず、積極的に周囲を盛り上げる

細やかな気配りで相手を楽しませる

接待での目的はそのつど違いますが、和んだ雰囲気を作り、接待する相手に楽しんでもらうことがいちばん重要です。そのためにも接待する側は相手を観察して、**相手が何を求めているか、何をすれば喜んでもらえるかをすばやく察知し、相手が気を遣わなくていい状況や雰囲気を作りましょう**。相手のグラスが空にならないように気を配ったり、新しい取り皿を用意するなどは自ら進んで行います。基本マナーを守りながら配慮をし、場を盛り上げましょう。

■接待の目的と若手の役割

接待は相手との信頼関係を深めることが目的ですが、ひいては、新しい契約を結ぶことや、進行中の仕事をスムーズに進めることにつながります。若手は、上司や先輩に接待の目的を確認し、相手と自社との関係、先方の性格や好みなどを聞いた上で、サポート役に徹しましょう。

若手の役割

①場の状況に気を配る
酒や料理は足りているかなどに気を配り、店側との連絡係もこなす。

②場を盛り上げる
相手が興味のある話題を提供するなど、積極的に場を盛り上げる。

接待する側の基本マナー

出迎えは全員で

接待する側は全員そろって相手を迎えるのが礼儀。接待する側の参加者には、時間に余裕をもたせた集合時間を伝えて時間前に全員がそろうようにしよう。

場を盛り上げる

相手の趣味や好みを普段からヒアリングしておき、相手の興味をひく話題を事前に調べて提供するなど、率先して場を盛り上げて。

自分も楽しむ

周囲と話さずひとりで飲んでいたり、時計ばかりを気にするなど、つまらなさそうなそぶりはNG。自分も楽しむように積極的に会話に参加しよう。

はめを外さない

接待は仕事の一部。相手をもてなす場で、自分が酔っぱらってはめを外さないように気をつける。

相手の状況に気を配る

食事や飲み物の進み具合や、灰皿がいっぱいになっていないかなど、常に相手の状況に気を配り、居心地のよい時間を演出する。

バランスのよい会話を

内輪だけでの話題で盛り上がるのは厳禁。仕事の話が出る場面もあるが、あまり堅苦しくならないように他の話題もバランスよく織り込もう。

その他のマナー

- 料理が出たら「どうぞ」とお勧めする
- 相手のグラスを空にしない
- 飲みたくない相手に酒を強要しない
- 締めくくりにはお礼の言葉を

接待を受けるときのポイント

接待の誘いを受けたら

接待は仕事の一部なので、誘われた場合は自分の判断で返事をせず、必ず上司に相談する。断る場合も、心証を悪くしないようやんわりと。

接待される側の注意点

遅刻は厳禁。時間ちょうどに着くよう調整する。また、気分よく飲んでもはめを外さず、会社のグチや内部事情を話さないように気をつける。

接待のお礼は翌日に

接待を受けた翌日には、必ず電話かメールでお礼を伝えよう。しっかりした接待を受けた場合は、封書でお礼状を送る。

先輩の体験談

どんな話をすればいいのか…

接待の場に初めて同席したとき、どんな話をすればいいのかわからず困りました。そこでは、相手の話を聞くことでなんとか乗り切りました。それからは、相手の趣味などを事前に聞いておいて、興味を持ちそうな話題をネットで調べていくつか仕入れておくようにしています。（メーカー・営業／20代・男性）

マナー講師の 気遣いPOINT

節度のある対応が必要

接待では、相手を喜ばせようという意識が必要ですが、あくまでもビジネス上の付き合いの場なので、節度も必要です。たとえば、相手がお酒好きだからといって前後不覚になるまで勧めてはいけませんし、相手に都合のいい契約条件をその場の勢いで提案するなども厳禁。場を盛り上げつつ、冷静な判断力も必要です。

Rule 13

失礼のない、スムーズな進行を

接待の進め方と食事の席次

ココがPOINT

1 | 接待する側が先に会場に入り、相手を出迎える
2 | 支払いは相手に気づかれないようスマートに
3 | 手みやげなどは帰りぎわに渡して見送る

スムーズな進行で心地よい時間を演出

相手に気を遣わせず、「いい宴席だったな」と感じてもらうためにも、スムーズな進行を心がけます。基本的な流れやおさえるべきポイントは決まっているので、覚えておきましょう。また、接待では席次にも気を配ります。相手に不快な思いをさせてしまうと、接待が逆効果になってしまいます。**原則として、和室では左側が右側より上席であり（左上位の原則）、洋室ではその反対に右側が左側よりも上座（右上位の原則）です。**

■領収書のもらい方

接待にかかった費用は会社の経費として処理するため、飲食店での会計時には必ず領収書を発行してもらいましょう。領収書を受け取るときには、会社名や金額に間違いがないかきちんと確認して、精算処理も早めに済ませましょう。

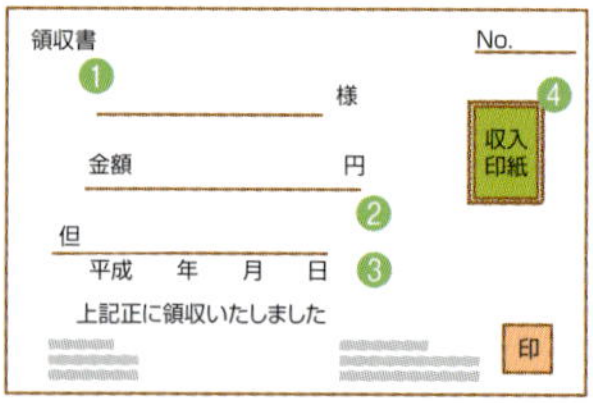

❹5万円以上の支払いの場合、収入印紙が貼られているかを確認する。（クレジットカードの場合は不要）

❶宛名は、名刺などを見せて正式な会社名を記入してもらう。個人のカード払いでも、領収書は会社名でもらう。

❷❸金額・日付などを確認。間違えていると精算処理が不可能になる場合もある。

■接待当日の進め方

接待を成功させるには、スムーズに宴会を進行させて、相手に気分よく過ごしていただくことが大切です。接待当日の一般的な流れを確認して、失敗のないよう準備をしておきましょう。

1 会場には早めに到着

接待する側は全員で相手を出迎えるため、30分前など、会場には早めに到着して待機しておく。相手が到着した際は、店のエントランスや予約した部屋の入り口で出迎える。

2 初めのあいさつ

最初に接待する側の幹事か役職の高い人があいさつをした後、相手の代表者にも必要に応じてあいさつをしてもらう。その後、乾杯に移る。

3 宴席でのもてなし

相手に楽しんでもらうことを第一に考え、場を盛り上げよう。ひとりひとりにごあいさつもかねてお酌をするなど周囲に気を配る。

4 終了時間が近づいたら

終了の15分前には、幹事が終了時間が近づいたことを知らせ、ラストオーダーを確認する。二次会を行う場合には、参加人数を予測し、店の予約やタクシーの手配などをしておく。

5 支払いのタイミング

会計は、トイレに立つふりをするなど相手に気づかれないように、さりげなく済ませる。支払いはクレジットカードを使えばスマートに精算できる。

6 お見送り

締めのあいさつでお開きに。手みやげや車代は帰りぎわに手渡しする。お見送りも全員で。相手がタクシーに乗ったら一礼し、見えなくなるまで見送る。

■席次のルール

※❶から順に上座→下座

相手側の役職の高い人から上座を勧める

部屋の様式などによって上座・下座は違う

入り口から近い席が下座、奥が上座

和室宴会場

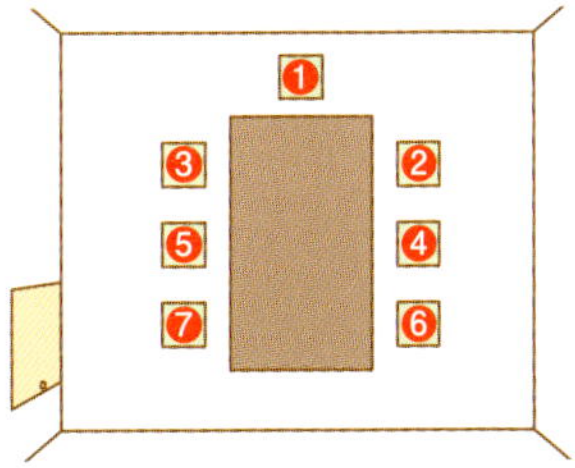

奥から順番に。❶の人の左手側が上座。

和室

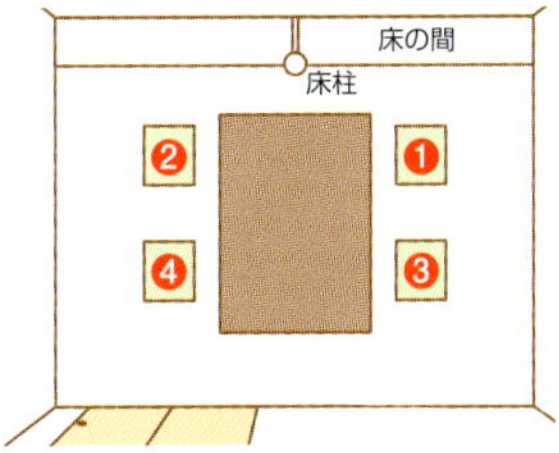

床の間の前、床柱の前が上座。

レストラン

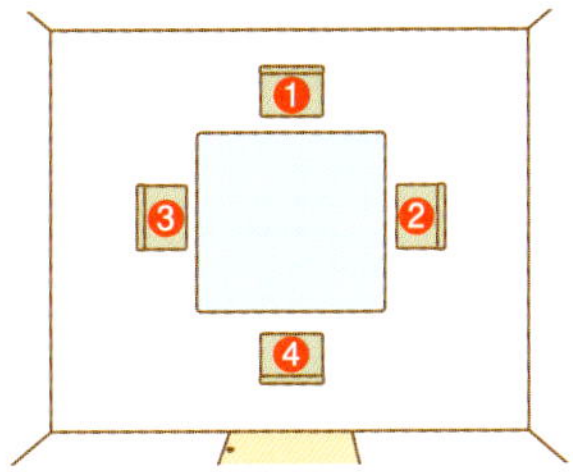

奥から順番に。景色のいい席も上座になる。

中華料理円卓

奥から順番に。❶の人の左手側が上座。

Rule 14

楽しいお酒の席にするために

お酒のマナー

ココがPOINT

1 乾杯の音頭は接待する側がとる
2 相手のグラスや杯が空にならないよう気をつける
3 相手に酒を無理強いしない

お酒はマナーや限度を守って楽しく

接待につきものなのが「お酒」です。お酒が入ることでお互いにリラックスし、打ち解けやすくなるのが大きなメリットです。一方で、酔いが回ると理性のタガがゆるみ、大きな失敗をしてしまいがちなので気をつけましょう。酔いつぶれると周囲に迷惑をかけることにもなるので、**接待相手に勧められても無理をして飲まないようにします**。また、乾杯やお酌にもマナーがあります。基本的なマナーはしっかり身につけて、相手に失礼のないふるまいをしましょう。

■乾杯のマナー

接待する側が音頭をとる

会の最初に、接待する側の幹事か役職のいちばん高い人があいさつをして、乾杯の音頭をとる。場合によっては相手の代表者もあいさつする場合がある。

無理にグラスを合わせない

大人数の酒席など、全員とグラスを合わせて乾杯するのが難しい場合は、会釈したり目を合わせるだけでもよい。無理に合わせてお酒をこぼさないよう注意しよう。

飲めなくてもひと口つける

乾杯は一種のセレモニー。乾杯のあと、グラスをそのまま置かず、ひと口つけるようにしよう。お酒が苦手ならその後はソフトドリンクでもよい。

お酌のしかたと受け方

宴席ではお互いにお酌をし合うことで、心を通わせます。お酌のしかたと受け方のマナーも覚えておきましょう。相手のグラスのお酒が残り2〜3口分くらいになったら、お酌に伺うとよいでしょう。

ビールのお酌

ビンは両手で支え、ラベルを上向きにして注ぐ。飲み干してから注ぐのが基本だが、相手しだい。

日本酒のお酌

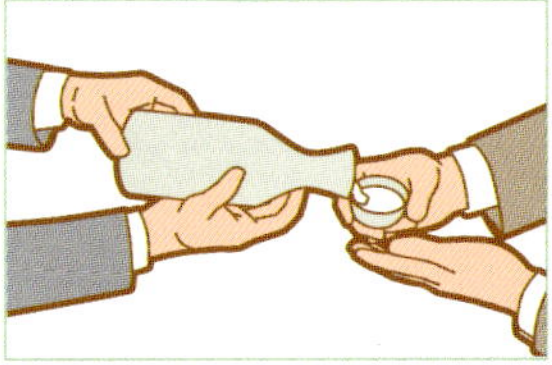

徳利を両手で持ち、杯の八分目くらいを目安に注ぐ。注ぎ口を杯から少し離すように注意しよう。

お酌の受け方

声をかけられたらお礼を言い、右手でグラスや杯を持ち、左手を添えて受ける。お酌を受けたら、すぐに口をつけるのがマナー。口をつけずに置かないようにする。

NG例

ワイン以外のお酒は、杯やグラスをテーブルの上に置いたままお酌をしたり受けたりしないようにしよう。

杯の持ち方

親指と人差し指で縁を持ち、中指と薬指で底の部分を支える。

ワイングラスの持ち方

器の部分を手で温めないよう、脚の部分を指で軽く持つ。

先輩の失敗談

上司にお酌をさせてしまいました

取引先のお客さま1人を、私と上司の2人で接待したときのことです。私は上司のサポート役をするつもりでいたのですが、偶然にもお客様と出身校が同じで話が盛り上がっていたら、お客様の空のグラスに気づかず、上司が先にお酌を……。叱られはしませんでしたが、反省です。(流通・販売/20代・男性)

マナー講師の 気遣いPOINT

飲めない場合の断り方

お酒が弱い人、飲めない人は、無理に飲む必要はありません。乾杯のときに少しだけ口をつけ、後はさりげなくノンアルコールのドリンクに切り替えましょう。お客様にお酒を勧められたら、「不調法(ぶちょうほう)なもので」「アルコールに弱いので……」など、やんわりと断りましょう。相手が飲めない場合も無理に勧めないようにします。

Rule 15

気持ちよく食事を楽しむルール

テーブルマナーの基本

ココがPOINT

1 | 音を立てて食べるなど不快な行動をしない
2 | 箸の正しい持ち方をいま一度確認して
3 | ナイフとフォークは食べ終わったら横に並べる

同席した人が楽しく飲食できるように

「テーブルマナー」と聞くと、堅苦しい儀式のような印象を持ちがちですが、本来は、「同席した人同士で、楽しく食事ができるように」と定められてきたものです。つまり**同席した人が不快にならないよう、気をつけることがいちばん大切**。クチャクチャと音を立てて食べたり、話しながらナイフやフォークをふり回したりしないよう注意しましょう。後は、基本的な食器の扱い方を覚えておけば安心。わからないことは、先輩やお店の人にたずねて覚えていきましょう。

■立食パーティーでのマナー

■ 料理は少量ずつ、コース料理の順番で
料理はひと皿に３種類程度が目安。前菜→主菜、冷たい料理→温かい料理の順に取る。

■ 料理は人の分まで取らない
自分の分は自分で。上司や同僚の分まで取らない。

■ 皿は新しいものを使う
一度使った取り皿やグラスは、新しいものに替える。

■ 邪魔にならない
通路やビュッフェテーブルの周辺で話し込まない。

グラスと皿の持ち方

皿を人差し指と中指の間にはさみ、下の３本の指で支える。グラスを皿にのせ、人差し指と親指で固定する。

■和食のマナー

箸の取り方

きちんとした箸使いにも気をつける。下の箸は薬指にのせて親指で固定し、上の箸はペンを持つようにして動かす。

1

右手で箸の中央を持ち、取り上げる。

2
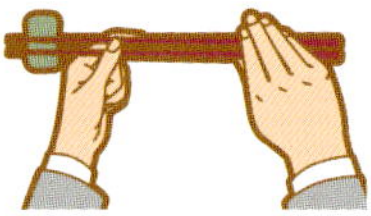
左手で下から支え、右手を箸に沿って下に。

3
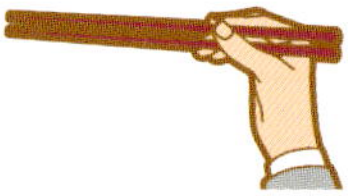
右手に持ち替え、きちんと持つ。

食べ方の基本

食べ慣れている和食ですが、家庭のローカルルールが通用しないこともある。会食の席ではきちんとしたマナーを心がけよう。

左端または手前から食べる

料理は皿の左端か手前から食べていくのが基本。盛り付けを崩さないように、きれいに食べる。

器のフタは最初に外す

器のフタは、最初に全部外し、裏返して膳の外側に置く。食べ終わったら、フタを元通りに戻す。

■洋食のマナー

ナイフ・フォークの使い方

右手のナイフで料理を切り分け、左手のフォークで口に運ぶ。左利きなら逆でもよい。

手を休めたり中座するときは、フォークは背を上にして、ナイフの刃は自分側に向け、ハの字に置く。

食べ終わったら皿の手前に水平か左上がりに並べる。フォークは背を下に、ナイフの刃は自分側に向ける。

ナプキンの使い方

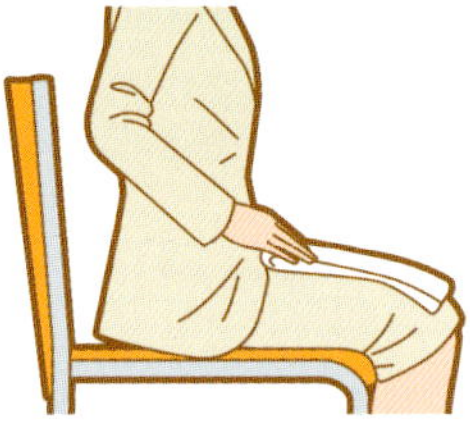

- 二つ折りで、折り目を手前に膝の上に。
- 口元はナプキンの裏側でぬぐう。
- 中座の際は軽くたたんで椅子の座面に。
- 食後は汚れた面を内側にして無造作にたたみテーブルの上に置く。

■中国料理のマナー

円卓を囲み、大皿から料理を取り分けるスタイル。独自のマナーがあります。

- 主賓から料理を取り、台は時計回りに回す。全員が取ってから食べ始める。
- ご飯茶碗以外の器は持ち上げない。スープも器は置いたままレンゲですくう。
- 食べきれる分だけ取り、いったん自分の皿に取った料理は残さない。

Check! 訪問・接待でのマナー 3章

理解度確認テスト

訪問・接待でのマナーについて、理解度をチェックしてみましょう。1～10について、正しいかどうかを○×で答えてください。不正解だったものは指定ページに戻って復習しましょう。

Question

1	訪問の日時は自分であらかじめ決めておき、相手の都合を聞く。	□
2	取引先を訪問する際、脱いだコートは自分の椅子の後ろに置く。	□
3	取引先の応接室では、自分が先に出入りしお辞儀をして上司を通す。	□
4	タクシーに乗る際、上司は運転席の後ろに、自分は助手席の後ろに座る。	□
5	社外で待ち合わせする際は早めに到着して相手が来るのを待つ。	□
6	個人宅への訪問では、まず玄関で正座をしてていねいにあいさつをする。	□
7	和室で席を勧められた場合は、すぐに座布団に座る。	□
8	応接室で手みやげを渡すときは、持ちやすいように紙袋に入れたまま渡す。	□
9	接待の場には自社の社員がよく利用する店を選ぶ。	□
10	接待はお酒の席なので、席次などはあまり気にしなくてもよい。	□

Answer

1	×	自分の都合をおしつけるのではなく、相手の都合を優先します。	P102
2	○	脱いだコートは、たたんで自分の椅子の後ろか横に置きます。	P104
3	×	上司と同行する際は、上司の後から行動するのが基本。	P108
4	○	タクシーの場合、運転席の後ろが上座です。	P108
5	○	社外での待ち合わせでは、自分が先に行き、相手を待ちましょう。	P110
6	×	玄関では立ったままであいさつをしましょう。	P112
7	×	席を勧められてもあいさつの前は座布団に座らないようにします。	P114
8	×	手みやげは紙袋から出し、相手に正面を向けて渡します。	P116
9	×	接待では、相手の好みや都合を優先します。	P122
10	×	お客様は必ず上座へ。食事の様式によって上座、下座は異なります。	P126

4章

上司も取引先も納得！

ビジネス文書のマナー

Rule 1

わかりやすい文書にはルールがある

ビジネス文書の基本ルール

ココがPOINT

1 | 5W2Hを意識し、具体的にわかりやすく書く
2 | 箇条書きを使うなど、読みやすい形式に
3 | A4サイズの用紙1枚にまとめ、詳細は別紙に

ポイントをおさえてわかりやすく書く

ビジネス文書には、一定の構成や書式があります。早めに正しく覚えましょう。会社でテンプレートがあればそれに従います。通常は1件につきA4サイズの用紙1枚に横書きでまとめ、詳細は別紙にまとめます。**相手にわかりやすく、正確な内容の文書であることが大切です**。間違いがないよう、書き終わったらまずは自分で校正し、責任者のチェックも受けましょう。また、同じビジネス文書でも、社内文書と社外文書では形式が異なるので書き分けが必要です。

■ビジネス文書を配信する際の注意

責任者のチェックを受ける

文章ができあがったら、必ず責任者に見せ、必要であれば承認印をもらう。

控えを取る

問い合わせがあった場合に答えられるよう、コピーなど控えを取っておく。

重要度を確認する

文章の重要度に応じて、「部外秘」「社外秘」などの指示を入れる。

文章の重要度

●**極秘**／特定の関係者以外見せてはいけない。
●**部外秘**／特定の部の人以外見せてはいけない。
●**社外秘**／社員以外には公開できない。

社内文書と社外文書の書き分け

社内文書

❶ 総発　第21号
❷ ○年○月○日

❸ 親睦会担当社員　各位

❹ 総務部企画課
田中花子
内線0000

❺ 親睦会企画会議の開催について

本文
標題の件、下記のとおり日程が決定いたしましたので通知いたします。担当者の出席をお願いいたします。

❻ 記

1　日時　○○○○年○月○日（○）
午前○時～○時
2　場所　本社第二会議室
3　問い合わせ先　総務部企画課
田中・吉田（内線0000）まで

❼ 以上

社外文書

❶ 営発　第21号
❷ ○年○月○日

❸ ○×株式会社
営業部　佐藤一郎様

❹ 〒000-0000
東京都○○区△△町1-2-3
TEL 00-0000-0000
FAX 00-0000-0000

❺ 展示会のご案内

本文
拝啓　貴社におかれましてはますますご清栄のこととお慶び申し上げます。

さて、この度弊社では下記要領にて製品展示会を開催いたします。
つきましては、ご多忙中誠に恐縮ではございますが、ご来場いただければ幸いです。

敬具

❻ 記

1　日時　○○○○年○月○日（○）午前○時～○時
2　場所　○×△ホール
東京都○○区××町1-2-3　TEL00-0000-0000
（JR××駅下車すぐ）
なお、本件に関するお問い合わせは、営業部　太田（TEL00-0000-0000）までお願いいたします。

❼ 以上

※送付状がない場合

社内文書のルール

その1　本文は用件のみを簡潔にまとめる。
その2　あいさつ文などは入れない。
その3　通常、発信者名に社名は入れない。

社外文書のルール

その1　本文は時候のあいさつ文を入れるなど、いきなり用件に入らない。
その2　発信者名には社名のほか必要に応じて連絡先も入れる。
その3　「拝啓」「敬具」を入れるなど、形式を守る。

ビジネス文書共通ルール

❶文書番号 会社のルールに従い、必要に応じて入れる。
❷発信日 ❶の下、右上に発信する年月日を入れる。
❸宛名 ❷の左下に記入。宛先に応じて敬称をつける。対象が多人数の場合は「各位」。
❹発信者名 ❷の下に担当者名や連絡先を入れる。
❺件名 文章の内容をわかりやすく伝える件名にする。
❻別記 具体的な事柄は箇条書きで本文とは別に書く。
❼結び 文章の最後に「以上」と記入する。

Rule 2

簡潔に、正確に伝えることが大切

社内文書の書き方

ココがPOINT

1 | 社内文書は簡潔さが第一。用件のみをまとめる
2 | あいさつ文などは入れなくてOK
3 | 正確な情報を記しているか、必ず見直しを

過不足なく簡潔に用件をまとめる

社内文書は、自社の社員に向けた文書のことを指します。社内文書でよく目にするのは、各種届け出や日報などでしょう。これらはほとんどの場合、フォーマットに従って記入します。提出期限が決まっている場合、遅れないようにすることはもちろん、処理をする人の作業時間も考えて早めに提出しましょう。依頼書や指示書、報告書などは「伝えること」が大きな役目ですので、それぞれの目的に応じて、**わかりやすく、簡潔にまとめるようにしましょう。**

先輩の体験談

金額を1ケタ間違えて大変なことに

部内でデジタルカメラを購入するための稟議(りんぎ)書を作成しました。5万円ほどのものでしたが、単位をひとつ間違えて5千円で出してしまったんです。稟議は通ったのですが、5千円と書いてしまったことに気づかず、あとで購入した業者から来た請求書を上司に回したときに、「金額が全然違う！」とこってりしぼられ、経理など他部署にまで迷惑がかかると教えてもらいました。それからは金額をはじめ、日付や時間など、数字の部分は特に念入りにチェックするようにしています。（建設・販売／20代・男性）

社内文書テンプレート(報告書)

営　第23号
0000年0月0日

山本××　殿

総務部企画課　田中花子

出張報告書

以下のとおり、出張の報告をいたします。

記

1　出張期間　○○○○年○月○日(○)～○日(○)
2　訪問先　岡山県倉敷市
　株式会社○○○建築事務所 および
　株式会社△△ホーム
3　出張目的　新建材○××タイルの紹介
4　出張者　北野○○課長
　田中花子
5　出張の結果　受注の見込みあり。
　○月×日に見積書を提出予定。
6　添付書類　あり　(市内の新築物件ほかの写真)

以上

「宛名」は左上に入れる。

「文書番号」は会社によって入れない場合もある。

「発信年月日」「発信者」は必ず入れる。発信者には、内線番号を入れる場合もある。

何の文書かすぐにわかるような件名をつける。

あいさつ文は不要。いきなり本題に入る。

なるべく1枚で概略をわかりやすくまとめ、詳細は「添付書類」として別紙にまとめる。

最後は「以上」で締める。

社内文書の種類

命令・指示の文書	報告・届け出の文書	連絡の文書	記録の文書
企業上部 ⇓ 企業下部	企業上部 ⇑ 企業下部	部門 ⇕ 部門	議事録、帳票類など
命令書、指示書、通達など	日報、月報、出張報告書、休職届など	業務連絡、依頼書、通知書など	

Rule 3

慣用表現を使って礼儀正しく

社外文書の書き方

ココがPOINT

1 | 礼儀正しく、あいさつ文もきちんと書く
2 | 慣用表現をマスターする
3 | 社外文書の基本的構成を覚える

慣用表現を上手に使ってまとめる

社外文書は取引先などに宛てた文書のことで、大きく2つに分かれます。「あいさつ状」などの社交儀礼文書と、「注文書」「見積りの依頼書」などの事務的な文書です。いずれも会社対会社で交わされるものですから、正確にわかりやすく書くことはもちろん、**敬語や慣用表現を使ったていねいな文章で書きます**。個人が書いたものでも、相手は会社から来た文書と捉えます。会社を代表して書いているという気持ちで、マナーを守り、心をこめて書きましょう。

■社外文書の種類

目的	種類
取引や業務	通知状・案内状・紹介状・照会状・回答書・抗議書など
金銭関連	見積書・請求書・領収書・督促状など
社交・儀礼	あいさつ状・招待状・案内状・祝賀状など

社外文書の基本構成

※送付状を付けない場合。

宛名　正式名称で会社名、部署名、氏名を記入する。名刺とは違う場合もあるので注意しよう。個人宛ての場合は「様」、会社・部署宛ては「御中」、複数の人宛ては「各位」とする。

文書番号　会社によって入らない場合もある。

発信日　書いた日ではなく、発信する日を入れる。

文書番号　○○号
0000年4月21日

株式会社　○○電気
営業部　山田一郎　様

×××機器　株式会社
営業部企画課　田中花子
〒000-0000
東京都○○区△△町1-2-3
TEL 00-0000-0000
FAX 00-0000-0000

件名

新型テレビ発表会のご案内

前文　“拝啓”などの「頭語」、“陽春の候”などの「時候のあいさつ」の後に、安否のあいさつや業務上のあいさつなどを続ける。安否のあいさつの“お慶び”は“喜”の字も用いられる。“慶”の方が改まった印象になる。

本文

拝啓 陽春の候、皆様にはますますご清祥のこととお慶び申し上げます。平素は格別のご高配を賜り、厚く御礼申し上げます。

さて、この度弊社では下記の要領にて、新型テレビの発表会を開催させていただくことになりました。

つきましては、ご多忙中誠に恐縮ではございますが、ぜひとも、ご来場賜りますようにお願い申し上げます。

まずは、略儀ながら書中をもってご案内申し上げます。

敬具

主文　「さて、」「ところで」で始める。趣旨を簡単にまとめる。

記

1．日時　0000年5月12日（火）午後14時より15時まで
2．場所　○○文化会館　××展示室
　　東京都○○区○○1－2－3
　　TEL（00）0000－0000
　　（JR○○線○○下車徒歩５分）

会場までのアクセスにつきましては、別紙地図をご覧ください。

末文　「まずは、」「以上」などで始まる、締めくくりの一文を書き、“敬具”などのように頭語に対応した「結語」を入れる。

なお、本件に関するお問い合わせは、営業部吉田（00-0000-0000）までお願いします。

以上

担当者名と結び　配信者と担当者が別の場合は、部署名、氏名、連絡先を明記。“以上”で結ぶ。

別記　具体的内容を箇条書きでまとめる。

頭語と結語

	頭語	結語		頭語	結語		頭語	結語
一般的	拝啓	敬具	緊急	急啓	早々	再信	再啓	敬具
	拝呈	敬白		急呈	敬具		追啓	敬白
丁寧	謹啓	敬具	返信	拝復	敬具	略式	前略	草々
	謹呈	敬白		復啓	敬白		冠省	早々

社外文書の各種テンプレート

注文書

△△株式会社
○○部　△△課
○○○○様

0000年0月0日

□□株式会社
○○部　○○○○
〒000-0000
東京都○○区△△町1-2-3
TEL 00-0000-0000

注文書

拝啓　時下ますますご清栄のこととお慶び申し上げます。
　さて、貴社お取り扱い商品のうち、下記の商品について注文をいたします。
納期までにご手配いただきたく、よろしくお願い申し上げます。

敬具

記

1　品名：●×△インスタント食品（カタログ商品番号●●●）
2　数量：1箱（24個入）
3　納期：○月○日（○）　14：00まで
4　納品場所：弊社第４倉庫○○宛

以上

注文書や発注書などは書類送付状（P.147参照）等と同様に、会社の実務に合ったテンプレートを作っておくと便利です。

POINT!

- 発注日、宛名、発信者は必ず書く。
- 「何を」「いくつ」「いつまでに」「どこに」ほしいかを明記する。
- 必要があれば、納品場所の住所・電話番号など発送する側が必要となる情報を入れる。

招待状

△△株式会社
○○部
営業部長　○○○○様

0000年0月0日

□□株式会社

新社屋落成披露宴への招待状

謹啓　新緑の候、貴社ますますご盛栄のこととお慶び申し上げます。
　さて、昨年末より建設しておりました小社新社屋が、このたび無事竣工とあいなりました。工事中は大変ご迷惑をおかけいたしましたが、来る○月○日より新社屋にて業務を開始いたします。
　つきましては、下記のとおり、ささやかな落成披露パーティーを催したいと存じます。ご多忙中まことに恐縮ですが、何とぞご臨席賜りますよう、謹んでお願い申し上げます。
　まずは、略儀ながら書中にてご案内申し上げます。

敬具

記

日時　○月○日（○）　午後○時～午後○時
場所　弊社１階ロビー（○○区４－５－６）
※アクセスにつきましては、別紙案内図をご覧くださいませ。

恐れ入りますが、同封のハガキにて、○月○日（○）までにご来臨の諾否をお知らせくださいますようお願い申し上げます。

尚、本件に関するお問い合わせは●●●部　△△課佐藤
（00-0000-0000）までお願いいたします。

以上

招待状の場合は、基本的には会場までの地図を別紙として用意するようにします。

POINT!

- 招待状では日時・場所を明らかにする。
- 返事がほしい場合は、「いつまでに」「誰に」「どのように」返事をすればよいかを明記する。
- 相手に宛てた日時には曜日があると間違いが少ない。

督促状

0000年0月0日

株式会社○○○○　御中

□□株式会社
○○部　○○○○

○○代金ご送金確認のお願い

拝啓　日頃より格別のお引き立てにあずかり、厚く御礼申し上げます。

さて、○月○日付にてご請求申し上げました品代、金○○万円也は、お支払い期限の●月×日を過ぎておりますが、ご入金の確認ができておりません。何らかの手違いかと思われますが、至急、ご確認をお願いいたします。

万一、ご送金がお済みでない場合は、本状到着後○日以内に品代のご送金をお願いしたいと存じます。

なお、本状と行き違いにすでにご送金いただいた場合には、悪しからずご容赦ください。

まずは、取り急ぎお願い申し上げます。

敬具

送金の確認や、納品、支払いの催促をする場合は、一方的に催促するのでなく、「何かの手違いだと思われますが」などの言葉を添え、相手の善意を信じているといった一文を入れるようにします。

POINT!

- 内容が督促であっても件名は「お願い」とする。
- いつまでにどうしてほしいのかを明記する。
- 相手を責めるようなことは書かない。
- 場合によっては、相手の個人名を書かず、会社名宛てにする。

詫び状

0000年0月0日

○○○○様

□□株式会社
○○部　○○○○

拝復　平素は格別のご愛顧を賜り、厚く御礼申し上げます。

早速ですが、●月×日着で、弊社からお送りした小型モーターに一部不具合があったとのこと、大変申し訳なく深くお詫び申し上げます。

在庫の確認をしましたところ、同商品がございましたので、早急に交換させていただきます。●月△日午前中に届くように手配をさせていただきました。配送の業者に不具合のあった商品をお渡しいただけると幸いです。

原因につきましては、到着した商品を徹底的に調査し解明してまいります。

今後はこのようなことがないように、今まで以上に細心の注意を払って、商品作りをしていく所存です。

どうか今後とも弊社に変わらぬご愛顧をいただければ幸いです。

敬具

トラブルやクレームへの対応はスピードが大切です。まずは電話対応が基本ですが、加えて詫び状を出す場合もあります。ていねいな対応が求められます。

POINT!

- ていねいな言い回しを心がける。
- お詫びの理由を明確にする。
- 相手が求めていることについての回答をする（このケースでは、交換の対応について明確化）。
- 今後の会社としての対策について説明する。

Rule 4

社外文書を構成する重要な要素

ビジネス文書の慣用句

ココがPOINT

1 本文は前文＋主文＋末文の構成が基本
2 前文や末文には慣用句を使う
3 よく使うものは単語登録で間違いを防ぐ

内容に応じて慣用句を使い分ける

社外文書は基本的には「前文」「主文」「末文」で構成され、一部省略できるものもありますが**「前文」や「末文」には季節や相手の立場、文書の内容に応じた慣用句を使います**。主文も出だしや締めくくりの文章には、定型の文句がありますので、内容に合わせてふさわしいものを選ぶようにします。よく使う文章であれば、パソコンに単語登録しておくと間違いを防ぐことができて便利です。定型文に慣れてきたら、自分なりにアレンジしてみてもよいでしょう。

■社外文書の基本構成と慣用表現を使う場所

前文 ＋ **主文** ＋ **末文**

前文　頭語・あいさつ

頭語	「拝啓」「前略」など
時候のあいさつ	季節に応じたあいさつ
安否伺い	相手の安否をたずねる一文

主文　用件を簡潔にまとめる

起語	「さて」「このたびは」など
主文	本題の用件

末文　締めくくりの言葉・結語

末文	結びのあいさつ
結語	「敬具」「敬白」など、頭語に対応する言葉

状況別主文の書き出し

主文は「さて」「このたび」などの起語で始まり、相手との関係や状況によって出だしはある程度決まった文章が続きます。

はじめての相手に対して	突然お手紙を差し上げる非礼をお許しください。 お目にかかったこともございませんのに、一筆差し上げる失礼をご容赦ください。
お礼を言う場合	このたびは、お問い合わせをいただき誠にありがとうございます。 このたびはお骨折りいただき、誠にありがとうございます。
返信のあいさつ	このたびはご丁寧なお手紙をいただき、誠に恐縮に存じます。 さっそくですが、先日お問い合わせいただきました件についてご回答申し上げます。
お願いする場合	甚だ申し上げにくいのですが、折り入ってお願いがございます。
お詫びをする場合	このたびは多大なご迷惑をおかけし、幾重にもお詫び申し上げます。
催促をする場合	先月、ご請求申し上げた○○の件につきまして、本日筆をとらせていただきました。

末文の慣用句

文章を締めくくる末文も用件によって使い分けますが、一般的には「(自社・自分の)支援の依頼」や「(相手の)発展・健康を願う」文章で締めます。

支援・指導の依頼	今後ともいっそうのお引き立てを賜りますよう衷心よりお願いいたします。 今後ともご指導ご鞭撻のほど、よろしくお願いいたします。 倍旧のご愛顧を賜りますよう、よろしくお願い申し上げます。
相手の健康や発展を願う	時節柄どうぞご自愛ください。 末筆ながら貴社のますますのご発展を心からお祈り申し上げます。 一層のご活躍をお祈りいたします。
返信を乞う	ご多忙とは存じますが、ご返事を賜りますようお願い申し上げます。
その他	取り急ぎ、ご報告申し上げます。 まずは略儀ながら、書面にてごあいさつ申し上げます。

Rule 5

ふさわしいものを使えるかが重要

季節のあいさつと敬称

ココがPOINT

1 | 頭語の後に時候のあいさつをつける
2 | 実際の季節に合わせた慣用句を選ぶ
3 | 当社、貴社など敬称は正しく使い分ける

適切な時候のあいさつと敬称できちんとした印象に

頭語の次に書くのが季節に応じた時候のあいさつです。格式のある漢語調と、親しみのある和語調の言い回しがあります。いずれも、この一文があることで、文書に大人らしさやきちんとした感じが加わります。月や季節ごとに文句が決まっていますが、たとえば、冷夏なのに「猛暑の候」と書くと違和感があります。**実際の気候と合わせたものを選びましょう**。また、ビジネス文書では敬称の使い方ひとつで印象が変わります。正しい敬称の使い方を覚えておきましょう。

敬称の使い方

	個人			組織		
対象	相手	本人	家族	会社	団体	意見
尊称	貴殿、貴君、貴職	—	皆様、ご一同様	貴社、御社	貴会、貴協会、御会	ご意見、ご所感、ご高説、お申し越し
謙称	—	私、小生(※主に男性の場合)	当方、家族、私ども	当社、弊社、わが社、小社	当会、本会、当協会	愚見、私見、私考、私案

時候のあいさつ一覧表

通常、ビジネス文書での時候のあいさつは短い漢語調のものを使います。和語調は個人のお客様宛てに手紙を書く際などに使うと、柔らかい印象の文書になります。時候のあいさつの後には「ますますご清栄のこととお慶び申し上げます」など安否のあいさつが続きます。

月	漢語調	和語調
1月	新春の候 初春の候 厳寒の候	皆様お元気で新年をお迎えのことと存じます 早いもので松の内も明け…… 日ごとに寒さが増してまいりました
2月	立春の候 余寒の候 向春の候	余寒厳しい日が続いております 春の気配を感じる頃となりました 梅のつぼみもほころぶ季節となりました
3月	早春の候 春寒の候 春分の候	春とはいえまだまだ冷え込む日も少なくありませんが…… 日ごとに春めいてまいりました 春寒しだいにゆるみ……
4月	春暖の候 陽春の候 晩春の候	春たけなわとなり…… 葉桜が目に鮮やかな季節となりました いつしか春もなかばを過ぎましたが……
5月	新緑の候 薫風の候 立夏の候	鯉のぼりが五月の風に泳いでおります 風薫るよい季節となりました 五月晴れの空に心はずむ今日この頃
6月	梅雨の候 初夏の候 向夏の候	木々の緑もようやく深まり…… 紫陽花が美しく咲く季節となりました 降り続く長雨に、日の光が恋しい季節ですが……
7月	盛夏の候 猛暑の候 大暑の候	暑さ厳しい折 夏本番を迎え、うだるような暑さが続いております ひと雨ほしいこの頃
8月	残暑の候 晩夏の候 処暑の候	残暑なお厳しき折 暑さもようやく峠を越し…… 吹く風に秋の訪れを感じる昨今
9月	初秋の候 秋涼の候 爽秋の候	秋色も日ごとに深まり…… 秋風が心地よい季節となりました ひと雨ごとに涼しくなってまいりました
10月	秋冷の候 秋雨の候 仲秋の候	すっかり秋めいてまいりました さわやかな秋晴れの日が続いております 色づいた街路樹に、秋の深まりを感じられるようになりました
11月	深秋の候 晩秋の候 向寒の候	小春日和の今日この頃 過ぎゆく秋を惜しむ候になりました 朝晩の冷え込みが、日ごとにきびしくなってきました
12月	初冬の候 師走の候 歳末の候	本格的な冬の到来を迎え…… 寒さが身にしみる季節となりました 年の瀬も押し迫ってまいりました

Rule 6

送るときまで相手のことを考えて

書類送付のしかた

ココがPOINT

1 | 書類や資料を社外に送る場合は送付状を添付する
2 | 会社名や部署名は略さない
3 | 送るものの内容に合わせ、ていねいに梱包する

送付状を添え、宛名は略さず正式名称で

書類や資料を社外に送る際には、**あいさつ文と内容物を明記した送付状を添えます**。宛名は、（株）などと略さず、部署名も省略しないで書きましょう。折り目がつかないように送りたい重要書類はクリアホルダーにはさんだり、台紙をつけて送ります。また､封筒の大きさや重さによって料金が変わってきます。不足していると、戻ってきたり、相手が不足分を負担することにもなりかねないので、大きさや重さを量り、料金を確認してから送りましょう。

先輩の体験談

うっかりミスが300件……

クライアントにいっせいに送る送付物の宛名ラベルに、相手先企業名を入れる指定を忘れて出力してしまい、気づかずに封筒に貼ってしまった。しかも300件も。すでに貼ってある宛名ラベルに企業名を手書きで入れるか、新しく宛名ラベルを出力して新しい封筒に入れるか、上司に相談。封筒を無駄にしてはいけないと、宛名ラベルの上に企業名を入れた新しいラベルを貼って出すことに。3倍以上時間がかかり、最初によく見ておけばよかったと反省しました。（サービス業・事務／20代・女性）

書類送付状の書き方

テンプレートを作っておくと便利です。会社や部署で共通のものを作っている場合もあるので、確認しましょう。

○○○○年×月×日

株式会社　□□
○○部　○○○○様

□□株式会社
○○部　○○
東京都△区△町△－△－△
TEL　03－××××－××××

書類送付のご案内

拝啓　時下ますますご清栄のこととお慶び申し上げます。
　早速ですが、先日お問い合わせいただきました弊社旅行商品につきまして、下記の資料をご送付いたします。
　ご査収くださいますようお願い申し上げます。

敬具

記

1	旅程表	1枚
2	お見積り	1部
3	国内団体旅行パンフレット	2部

以上

発信日を入れる。

宛名や部署名は省略せずに書く。

発信者名と、連絡先を入れる。

内容物を別記にして箇条書きにまとめる。

「以上」で結ぶ。

宛名の書き方

〈表書き〉

切手　正しい料金の切手を貼る。

宛名　中央に住所よりも大きな字で書く。役職名を書く場合は、氏名の上に少し小さな文字で書く。

住所　都道府県名から書く。数字は縦書きなら漢数字、横書きは算用数字で。

脇付　必要に応じて脇付を入れる。本人に開封してほしいときは「親展」、すぐに開封してほしいときは「至急」と朱書する。

会社名・部署名　会社名はもちろん、部署名も必ず明記する。規模が大きな会社の場合、相手まで届かない可能性がある。

〈裏書き〉

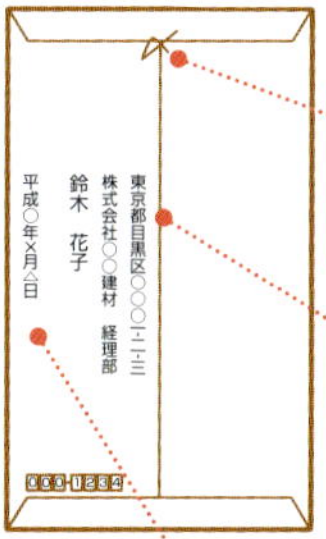

封印　のりで封をして、合わせ目に「〆」または、「封」と記入する。

差出人の住所と名前　封筒の合わせ目の左側半分に書く。住所は中央寄りから始める。

発信年月日　差出人名の左側に記入する。省略してもよい。

宅配便について

配達時間を指定したり、ポストではなく、直接相手に渡せる便利な宅配便。送る際には、郵便物と同様、住所や宛名は正確に書きましょう。また、「元払い」「着払い」「代金引換」など運送方法がさまざまなので、送料の負担についてはよく確認してから送るようにしましょう。信書は送れません。

Rule 7

人間関係を円滑にしてくれるツール

手紙・封筒を使う

ココがPOINT

1 基本の構成は「前文」+「主文」+「末文」
2 手書きの文字はていねいに書く
3 あらたまった文書には和封筒を使う

お礼状など、あらたまった文書は手書きで

ビジネスに関連した文書でも、内容がいつも事務的な連絡とは限りません。お世話になった方への「お礼状」や、商品の不具合などで迷惑をかけた取引先に宛てた「詫び状」など、**あらたまった文書は手書きにするとていねいな印象になります**。事務連絡用の文書だけでなく、こうした文書の書きかたも覚えて、円滑な人間関係を築けるようにしましょう。また、封筒にもいくつか種類があるので、内容物によって適切なものを選ぶことが大切です。

■封筒の選び方

ビジネスでいちばん多く使用される封筒は、「社名入り封筒」です。茶封筒やカラー封筒に社名などが印刷されているもので、事務的な文書を送る場合はほぼこれでOKです。あらたまった手紙には、白無地の「和封筒」を使用します。通常は二重の封筒を使い、弔事には一重のものを使います。一方、はがきサイズの紙が収まる「洋封筒」は、主にあいさつ状、案内状などで使います。

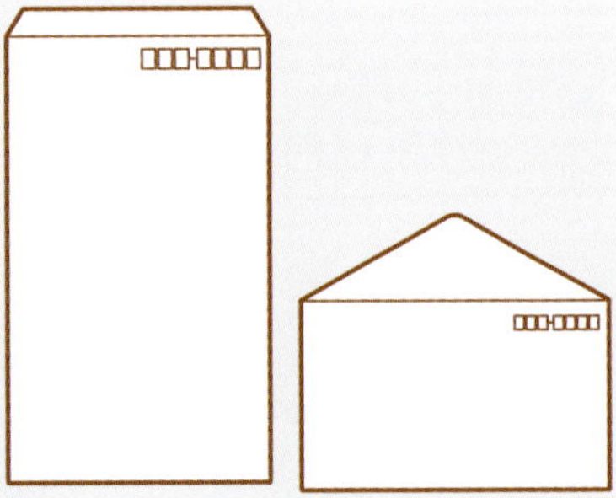

手紙の書き方

手紙の場合も、「前文」＋「主文」＋「末文」などの基本構成は社外文書と同じです。ただし、便せんに縦書きする際は宛先を後付として一番最後に書くなど、異なる点もあります。

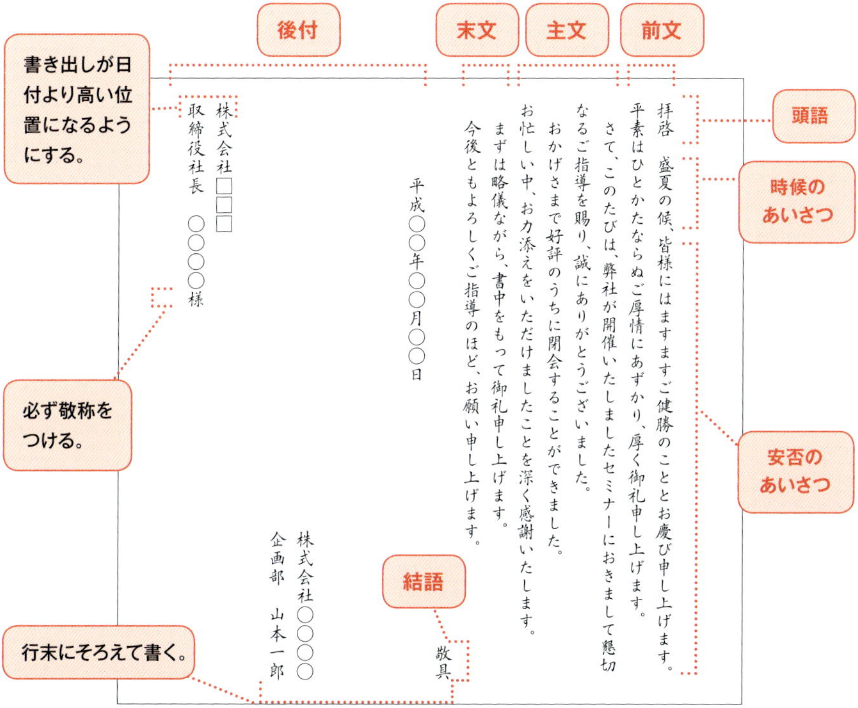

拝啓　盛夏の候、皆様にはますますご健勝のこととお慶び申し上げます。
平素はひとかたならぬご厚情にあずかり、厚く御礼申し上げます。
さて、このたびは、弊社が開催いたしましたセミナーにおきまして懇切なるご指導を賜り、誠にありがとうございました。
おかげさまで好評のうちに閉会することができました。
お忙しい中、お力添えをいただけましたことを深く感謝いたします。
まずは略儀ながら、書中をもって御礼申し上げます。
今後ともよろしくご指導のほど、お願い申し上げます。

敬具

平成○○年○○月○○日

株式会社○○○○
企画部　山本一郎

株式会社□□□
取締役社長　○○○○様

文書の折り方

文書を封筒に入れる際、折り方にも種類がありますので覚えておきましょう。

片観音折り　重要な文書を送る場合の折り方。開くまで内容がわからない。

1　2　3

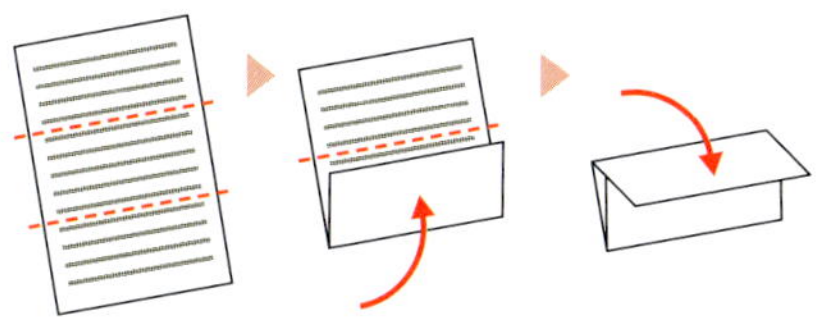

1. ３等分の目安をつけ、２カ所に折り目をつける。
2. 文面が内側になるよう、下の1/3を先に折る。
3. 上の1/3を、下の1/3の上にかぶせるように折る。

Z折り　チラシやDMなどを送るときの折り方。タイトルなどがすぐ見える。

1　2　3

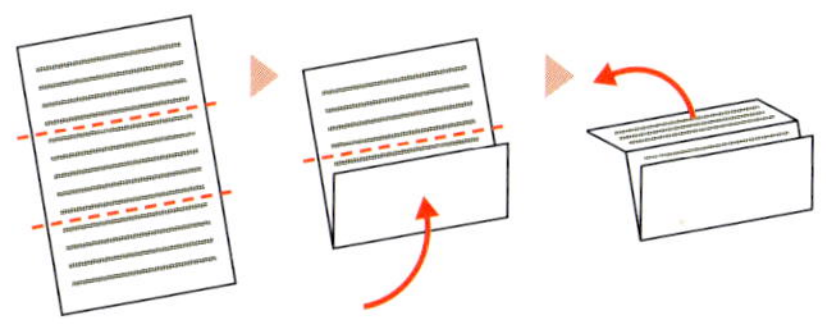

1. ３等分の目安をつけ、２カ所に折り目をつける。
2. 文面が内側になるよう、下の1/3を先に折る。
3. 上の1/3は、裏側に向けて折る。

Rule
8

特性を理解して上手に使いこなす

FAXの活用法

ココがPOINT

1 | 宛名と送付書類の内容を記した送付状をつける
2 | 文字が読みやすい大きさ、濃さかを確認する
3 | ファックス番号は正確にダイヤル

文字が読めるようにして送る

ファックスは、受取人以外の目にも触れる可能性が高いものです。重要書類や受取人以外に見られたくない書類は、郵送にするのが基本です。また、ファックスは文字が小さすぎると、相手が受信した際に文字がつぶれて読めないこともあります。**文字の大きさを考慮して、小さいと思った場合は、拡大して送ります**。送るときは、宛名と送付書類の内容を記した送付状をつけます。送信後に電話をして、送った枚数が届いているか確認するとよいでしょう。

マナー講師の 気遣いPOINT

個人にお送りする場合は要注意！

個人宅や個人事務所にファックスを送る場合は、事前に電話番号とファックス番号が同じかどうかを確認しておきましょう。番号が共通の場合、ファックスが届いた際に、着信音が鳴る可能性があります。また、ファックスを受信する間、電話が使えなくなる場合もあります。お送りする相手の生活スタイルを考え、迷惑になりそうな時刻は避けるとともに、どうしても多くの枚数を送る必要がある場合には、あらかじめ電話で連絡をして、送ってもよいか確認をするとよいでしょう。

ファックス送付状の例

会社や部署で共通のテンプレートを作っていることも多いようです。テンプレートがない場合にはインターネットなどでダウンロードしてもよいでしょう。

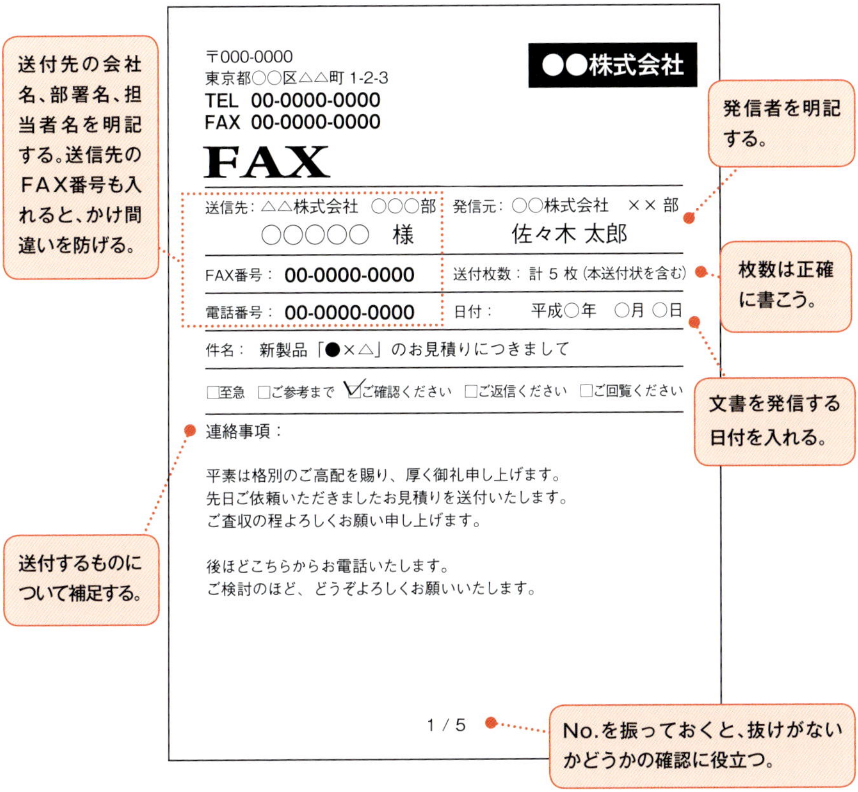
〒000-0000
東京都○○区△△町 1-2-3
TEL 00-0000-0000
FAX 00-0000-0000

●●株式会社

FAX

送信先：△△株式会社 ○○○部 ○○○○○ 様	発信元：○○株式会社 ××部 佐々木 太郎
FAX番号：00-0000-0000	送付枚数：計 5 枚（本送付状を含む）
電話番号：00-0000-0000	日付：平成○年 ○月 ○日

件名：新製品「●×△」のお見積りにつきまして

□至急 □ご参考まで ☑ご確認ください □ご返信ください □ご回覧ください

連絡事項：

平素は格別のご高配を賜り、厚く御礼申し上げます。
先日ご依頼いただきましたお見積りを送付いたします。
ご査収の程よろしくお願い申し上げます。

後ほどこちらからお電話いたします。
ご検討のほど、どうぞよろしくお願いいたします。

1 / 5

送付先の会社名、部署名、担当者名を明記する。送信先のFAX番号も入れると、かけ間違いを防げる。
発信者を明記する。
枚数は正確に書こう。
文書を発信する日付を入れる。
送付するものについて補足する。
No.を振っておくと、抜けがないかどうかの確認に役立つ。

ファックスを送信するときのチェックポイント

ファックス番号は念入りに確認

ファックス番号の間違いは情報漏洩にもつながる。ファックス番号と電話番号を間違えていないか、宛先が間違っていないかを確認する。

原稿に汚れがないか

原稿が汚れていると、相手側でプリントされたものが読みづらくなってしまうため、失礼のないようにきれいな原稿を送るようにしよう。

原稿の裏表をチェック

ファックス機の機種によって原稿の裏表のセットの仕方は違う。よく確認してからスタートボタンを押す。

文字サイズや濃さに注意

原稿の文字が小さいときや薄いときは、必要に応じて拡大コピーをしたり、濃く書き直してから送るなどの配慮をしよう。

Rule 9

便利だからこそ基本をしっかりと

メールのルール

ココがPOINT

1 | 長文はNG。添付データもサイズに注意する
2 | 至急の連絡はメールではなく電話を使う
3 | CCとBCCの特性を理解して使い分けを覚える

手軽で便利だから、逆に注意が必要な点も

メールは、ビジネスにおいて必要不可欠な通信手段になっています。手紙やはがきのように郵送する手間や費用がかからず、手軽な操作で大勢の相手に連絡できるのが大きなメリット。一方、手軽なだけにうっかり間違えた相手に送ってしまうなどのミスも発生しがちです。**送信の前に宛先と内容をチェックしましょう**。また、メールといえどもビジネス文書なので、ルールやマナーを守ることが大切です。メールの特性を理解して、効率的に活用しましょう。

マナー講師の 気遣いPOINT

CCとBCCを使い分けましょう

「CC」(カーボン・コピー)と「BCC」(ブラインド・カーボン・コピー)は同じ内容のメールを複数の相手に送るときに使います。「宛先(TO)」には主に知らせるべき人を登録し、「CC」と「BCC」には、参考までに知らせておく相手(上司など)を登録します。宛先とCCでメールを受け取った人からは、誰に送ったかが一覧できます。メールアドレスも個人情報なので、CCへの登録には注意を。誰に送ったか知らせたくない人、メールアドレスを隠したい人はBCCに登録しましょう。BCCはほかの受取人に表示されないので、誰に送っているかは送信者にしかわかりません。

メールの基本ルール

1 長文のメールを送らない

長すぎるメールは読みにくく、内容も伝わりにくい。わかりやすく簡潔にまとめるよう心がけよう。資料や案内状などは文書ファイルとして別に添付してもよい。内容が複雑な場合は、電話で簡単に用件を伝えて、詳細をメールで送るなど工夫しよう。

2 急ぎの用件には使わない

メールは相手が不在でも一方的に送ることができる。送信しても相手がすぐに読んでくれるとは限らないので、至急の用件の場合は、電話を使う。

3 添付データはサイズなどに気をつける

資料類をファイル添付で送るとき、相手のPCによっては、サイズの大きな添付ファイルを受け取れない場合があるので注意しよう。一般的に重いデータ（２MB以上）はメール添付ではなく、オンラインストレージやファイル転送サービスを使って送る。

4 セキュリティやウィルス対策も十分に

ビジネスで使う場合は特に、IDやパスワードの管理を慎重に行う。社内の情報の取り扱い規定なども確認しておくことが必要となる。また、コンピュータウィルスはメールを介して広がることが多いので、ウィルス対策はしっかりと行おう。

ウイルスを防ぐには

多くの会社でコンピュータウイルスへの対策がとられているが、個人個人でも気をつけたい。ウイルス感染を防ぐには、以下のような点に注意しよう。

- 知らない人からのメールは安易に開かず、周りに確認する。
- 正体のわからない添付ファイルはダウンロードしたり開いたりしない。
- ウイルス対策ソフトを使って、こまめにウイルスチェックを行う。
- メール受信画面は、プレビューウィンドウをオフにしておく。

先輩の体験談

メールのミスいろいろ……

Ａ社の担当者に宛てて書いたメールを、内容を少し変えてＢ社に送るとき、コピペしたら、会社名が１カ所Ａ社のままになっていて、慌てて謝りの電話を入れました。同姓同名の人に間違えてメールを送ってしまい、その人が教えてくれるまで気づかなかったことも。（サービス・コンサルタント／ 20 代・女性）

上司のホンネ

社内にいるのにメール？

社内にいるにもかかわらず、簡単な用件もメールで連絡をしてくる部下がいて、「友人との携帯メール感覚？」と、違和感がありました。内線か口頭で直接連絡すればいいような内容までメールしてしまうと、せっかくのコミュニケーションの機会が減ってしまいますよ。（情報通信・営業企画／ 30 代・女性）

Rule 10

改行と定型句でわかりやすく

メールの書き方

ココがPOINT

1 時候のあいさつは除き簡潔にまとめる
2 改行を多く入れて読みやすくする
3 署名には問い合わせに備え電話番号も入れる

簡潔に書き、送る前に必ず読み直そう

社内の業務連絡はもとより、社外の人との連絡、注文の受け付けなど、今やメールのやりとりはビジネスに欠かせません。紙のビジネス文書と同様、定型句がありますので、早めに覚え、頻度の高いものは単語登録しておきましょう。メールを書く場合は、この定型句を活用し、簡潔にわかりやすく書くように心がけます。通常の手紙とは違い、改行を多く入れて読みやすくするのがメール作成のポイント。**送信前に全文を読み直してから送りましょう**。

本文の構成

1 **書き出し**
頭語や時候のあいさつは不要。「いつもお世話になっています」などで始める。

2 **名乗る**
「○○商事・株式会社の●●です。」など、会社名と名前を書く。

3 **用件を書く**
5W2Hを意識し、簡潔にまとめる。改行を多めに入れると読みやすい。

4 **結び**
「よろしくお願いいたします」など簡単なあいさつでしめくくる。

■メールの書式例

送信者　石井裕子(●●旅行株式会社)
宛名　池田真一様(×××@●●●.co.jp)
件名　パンフレット発送のご連絡

> 送信者は会社名まできちんと入れる。宛名には「様」を忘れずに入れよう。件名はそれだけで、具体的に内容がわかる件名にする。

株式会社□□サービス　総務部
池田真一様

> 宛名は「社名+部署名+フルネーム+様」まできちんと書く。

いつもお世話になっております。
●●旅行株式会社の石井裕子です。

昨日はパンフレットの送付のご依頼をいただき、ありがとうございました。
早速ですが、本日、下記の通り、発送させていただきましたので、ご連絡いたします。

> 出だしのあいさつを書く。

・・・・・・・・・・・・・・・・・・・・・・・・・
商品名:沖縄旅行パンフレット
部数:10部
・・・・・・・・・・・・・・・・・・・・・・・・・

明日、●月×日にはお手元に届くかと存じます。
到着した頃にあらためてご連絡させていただきます。

> 見やすいように、長くても5行に1行間をあける。1行の文字数は30〜35文字くらいにする。内容はできるだけ箇条書きにし、罫線などで区切るとわかりやすい。

今後ともどうぞよろしくお願いいたします。

> 結びのあいさつを入れる。

●●旅行株式会社
営業部　石井裕子
〒000-0000　東京都△△○○1-×-×
tel 03-××××-××××
fax 03-××××-××××
Ｅ－ｍａｉｌ　ishii@○○○○.co.jp
ＵＲＬ:http://××××-××××

「カニ食べ放題　北海道満喫2泊3日」
好評予約受付中です!
ＵＲＬ:http://××××-××××

> 署名は住所、電話番号、ＦＡＸ番号など、間違いなく書く。会社の新製品情報などを入れてリンクを貼ると広告効果も期待できる。

■覚えておきたい メールでよく使う定型文

本文の書き出しでよく使う言葉

「大変お世話になっています」
「早速のお返事ありがとうございます」
「お返事が遅くなりまして、大変申し訳ございません」

本文の結びでよく使う言葉

「ご検討のほど、どうぞよろしくお願いいたします」
「今後ともよろしくお願いいたします」
「お忙しいところ恐れ入りますが、ご連絡をお待ちしております」

Rule 11

慣用表現を使ってシンプルに

英語でのメール送信

ココがPOINT

1 | 用件はできるだけ短くまとめる
2 | ふさわしい慣用表現を使う
3 | 記号、特殊文字は避ける

シンプルにまとめるのがコツ

英文メールは外国企業とのやりとりに欠かせません。ネット上では翻訳ツールも充実しているので、参考にするとよいでしょう。日本語のメールと同様、書き方の構成はだいたい決まっており、慣用表現もあるので、海外とのやりとりが多い場合は、早めに覚えておきましょう。大きなポイントは、**用件をシンプルにまとめて書くことです**。余計なことを書くと誤解の元となります。また時差や祝日の違いを念頭に置くとコミュニケーションもスムーズです。

■英文メールを送る際の注意点

簡潔にまとめる

本文はシンプルに、できるだけ1つの段落で収まるように書く。本文が多い場合は、1つの段落に3センテンスで収めるよう心がけよう。

記号、特殊文字を避ける

日本では問題なく読めても、海外のメーラーによっては文字化けしてしまう記号がある。なるべく、記号や特殊文字の使用は避けよう。

敬辞、結辞を使う

日本語の「拝啓」や「敬具」のように、英語にも文の最初や終わりに使う決まった語がある。ビジネス英文メールのマナーとして覚えておこう。

■英文メールの基本構成

本文の冒頭には敬辞をつける。
●企業宛 Ladies and Gentlemen,／Dear Madam/Sir,
●個人宛 Dear Mr. Okada,／Dear Ms. Mizuki,
●そのほか　Dear Customer,　など

敬辞＋宛名

Dear　Ms.　O'Brien,

すぐに本文に入る。なるべく用件を簡潔に書く。

本文

Please find the attached documents . I am sending the information as you have requested.
Please let me know if you have any other questions.

（日本語訳）ご要望いただきました書類を添付にてご送付します。なにかご質問等がございましたら私まで連絡をお願いします。

結辞＋発信者名

Sincerely,

Akira Satou

最後は結辞をつける。
●正式　Yours very truly, Respectfully,
●準正式　Sincerely, Sincerely yours,
●パーソナル　As always, Regards, など

発信者の名、役職、会社名、連絡先

Akira Satou
Sales Manager,
●●●● Co.,Ltd.
http://www.××××.jp
satou@××××.jp
Tel: +81-3-xxxx xxxx
Fax: +81-3-xxxx xxxx

電話番号は国番号から入れると親切。

■用途別メールの基本フレーズ

謝罪	最初に返信が遅くなりましたことをお詫び申し上げます	First, let me apologize for not writing back to you sooner.
問い合わせ	私は○○という商品を探しています。見つかれば2つ購入したいのですが、そちらのお店で取り扱いはありますか？	I am looking for ○○, and wish to buy two if available. Do you have them in your store?
感謝	ご協力、ありがとうございます。	I appreciate your cooperation.
アポイントメント	11時にお会いしたいです。	I'd like to meet with you at 11:00.
	いつであれば時間が取れるか教えてください。	Let me know when you've got some free time.

Check! ビジネス文書のマナー 4章

理解度確認テスト

ビジネス文書のマナーについて、理解度をチェックしてみましょう。1～10について、正しいかどうかを○×で答えてください。不正解だったものは指定ページに戻って復習しましょう。

Question

1	目上の人に向けた社内文書は、敬語でていねいに書く。	
2	ビジネス文書の具体的な事柄は簡潔に100文字以内でまとめる。	
3	社外文書は「拝啓」などの頭語で始め、時候のあいさつも入れる。	
4	社外文書では慣用句をなるべく使わず、オリジナルの文章にする。	
5	時候のあいさつを含め、テンプレートを作りいつも同じもの使う。	
6	社外に書類などを郵送するときはサイズや重さを確認する。	
7	字に自信がない場合は、お礼状やお詫び状なども手書きは避ける。	
8	重要書類はファックスで送らず郵送する。	
9	急ぎの用件のメールにはすぐに返信してくれるよう依頼の一文を添える。	
10	ウイルス対策のため、心当たりのない添付ファイルは開かない。	

Answer

1	×	自社の社員に向けたものは、用件のみでOK。	P134 P136
2	×	具体的な事柄は、箇条書きにすると読みやすくなります。	P138
3	○	社外文書には基本構成があります。しっかりマスターしましょう。	P138
4	×	ビジネス文書には慣用句を使うのが一般的です。	P142
5	×	時候のあいさつは実際の季節に合ったものを使いましょう。	P144
6	○	郵便物の大きさや重さで料金が異なるため、不足のないよう事前確認を。	P146
7	×	あらたまった文書は手書きで。ていねいに心を込めて書きましょう。	P148
8	○	ファックスは誰の目に触れるかわからないため、重要書類の場合は避けます。	P150
9	×	メールはすぐ読んでもらえるとは限らないため、急ぎの用件は電話で。	P152
10	○	むやみに添付ファイルを開くと、ウイルスに感染することもあります。	P152

5章

イザというとき
慌てない！

冠婚葬祭の基本マナー

Rule 1

なるべく早めに返信しよう

結婚式・披露宴に招かれたら

ココがPOINT

1 | 招待状の返信は1週間以内に
2 | 返信にはお祝いの言葉を書き添えて
3 | 欠席の場合、理由は具体的に記入しない

早めに出欠の返事をして服装などの準備を

ビジネス上の関係がある人から結婚式や披露宴に招かれたら、それはあなたが信頼され、親しみを持たれている証（あかし）です。やむを得ない場合以外は出席するようにしましょう。**出席・欠席どちらにしても、招待状への返信はできるだけ早めにします**。出欠は料理などの準備にかかわるので、遅れると迷惑をかけてしまいます。招待状への返信にもマナーがあるので、記入例を参考に失礼のないよう気をつけ、お祝いの気持ちをひと言添えましょう。

■出欠に関するマナー

招待状は、遅くても届いてから1週間以内に返信しましょう。当日の予定がまだ立たない場合は、その旨を電話で伝え、できるだけ早めに出欠を連絡します。返信には欠席する場合も祝いの言葉を添え、欠席理由は「やむを得ない事情で」とするのが一般的。具体的に理由を書くことで、そちらの用事を優先した印象を相手に与えてしまい不愉快な思いをさせてしまうこともあるからです。

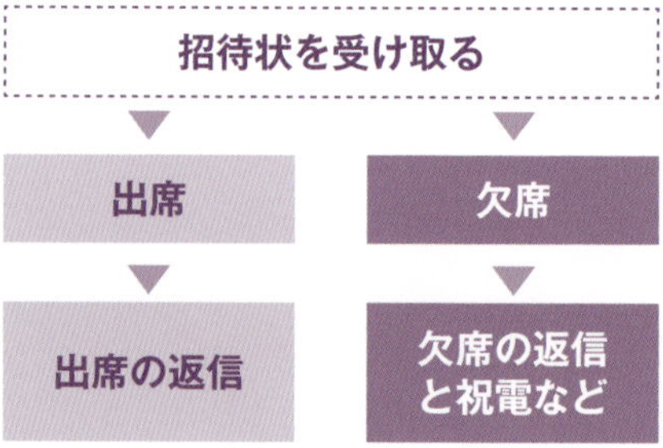

■招待状の返信の記入のしかた

裏書き（出席）

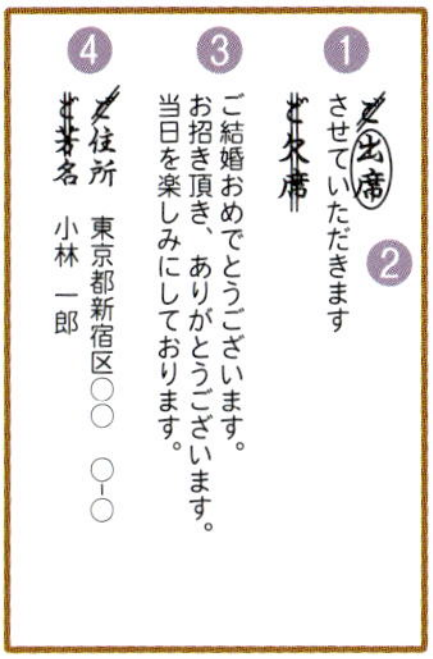

1
ご出席 させていただきます
2
ご欠席
3
ご結婚おめでとうございます。
お招き頂き、ありがとうございます。
当日を楽しみにしております。
4
ご住所 東京都新宿区○○ ○-○
ご芳名 小林 一郎

表書き

裏書き（欠席）

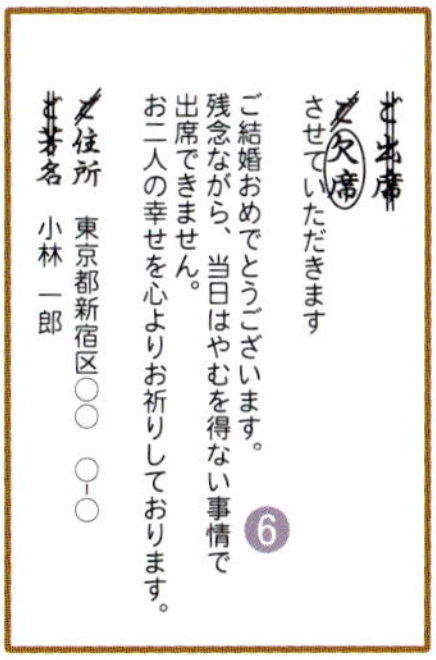

ご出席
ご欠席 させていただきます
ご結婚おめでとうございます。
残念ながら、当日はやむを得ない事情で
出席できません。
お二人の幸せを心よりお祈りしております。
6
ご住所 東京都新宿区○○ ○-○
ご芳名 小林 一郎

❶「出席」を○で囲み、「ご」の字と「ご欠席」を二重線で消す。
❷「出席」のそばに「させていただきます」と書き添える。
❸ 余白にお祝いの言葉を書き添える。
❹ ご住所の「ご」、ご芳名の「ご芳」を二重線で消す。
❺ 宛名の「行」を二重線で消して、「様」に。
❻ 欠席の理由は、「やむを得ない事情で」など、あいまいにする。

■祝電の送り方

招待されたものの出席できないときや、職場の同僚や取引先の社員の挙式を知らされたときは、祝電を送ってもよいでしょう。電話やインターネットで、3日前くらいまでには申し込んでおきましょう。（電報の打ち方はP.169参照）

祝電の文例

ご結婚おめでとうございます。
お二人の末永いお幸せをお祈りいたします。

ご結婚おめでとうございます。
ご招待いただきましたのに出席できず申し訳ございません。
お二人の門出を祝し、心からお祝いを申し上げます。

先輩の体験談

結婚式が重なって困りました

友人と会社の先輩の結婚式が重なって、先に出席の返事を送っていた友人のほうを優先していいのかどうか……。別の先輩に相談したら、「先に返事をしてしまったので出席できませんと素直に断ればいいよ」と教えてもらい、先輩に欠席のお詫びをして、結婚祝いを贈りました。（メーカー・総務／20代・女性）

マナー講師の 気遣いPOINT

お祝いの品の贈り方

新郎新婦にお祝いの品を贈るなら、贈るものは相手の希望を聞いて決めるのがいちばんです。ただし、「切れる」につながる刃物などは一般的にタブーとされているので注意しましょう。職場の人と共同で送る場合は、のし紙の表書きを「○○部一同」とします。挙式の1週間前ぐらいまでを目安に、相手の都合を聞いて贈りましょう。

Rule 2

ルールを知ってきちんと準備を

ご祝儀の基本

ココがPOINT

1 | 金額は自分の年齢や相手との関係によって決める
2 | ご祝儀は新札で、奇数の枚数が基本
3 | 中包みには金額、住所、名前をきちんと書く

お祝いの気持ちだからこそ失礼のないように

ご祝儀とは、**新郎新婦への祝福の気持ちとご招待への感謝の気持ちを表す大切なものです**。基本的なマナーを知り、失礼のないようにきちんと用意しましょう。金額は、自分の年齢や相手との関係によって、だいたい決まってきます。20代なら2～3万円が一般的な相場といわれています。前もって新札を用意しておきましょう。表書きはもちろん、中包みへの記入のしかたにもルールがあります。また、ご祝儀袋は贈る金額に見合ったものを使いましょう。

■祝儀袋の選び方

右上に「のし」がついた祝儀袋を選びます。

贈る金額	祝儀袋の種類
5千円～1万円	紅白または金銀の結び切りの水引（印刷されたものでも可）
1万円～3万円	紅白または金銀のあわじ結びの水引
3万円以上	金銀の飾り結びの水引、紙質や飾りも豪華なもの。贈る金額の100分の1程度の値段を目安に

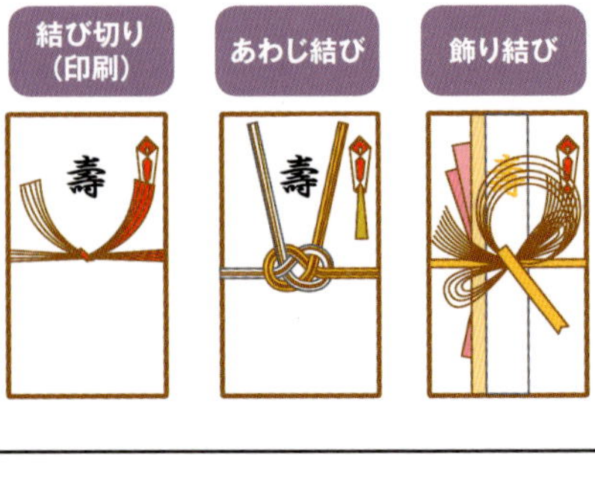

ご祝儀の目安とマナー

金額は右を参考に、新札で用意しましょう。枚数は奇数が基本。偶数は「割れる」ということから避けますが、2万円は「ペア」という意味もあるためよいとされています。表書きは濃い墨で。中包みには金額、名前、住所を書きます。

出席する場合

間柄	20代	30代
同僚（上司・部下）	2万円	3万円
取引先	3万円	3万円
友人	3万円	3万円

欠席する場合

間柄	20代	30代
同僚（上司・部下）	3千円	5千円
取引先	3千円	5千円
友人	5千円	1万円

上包み

〈表〉

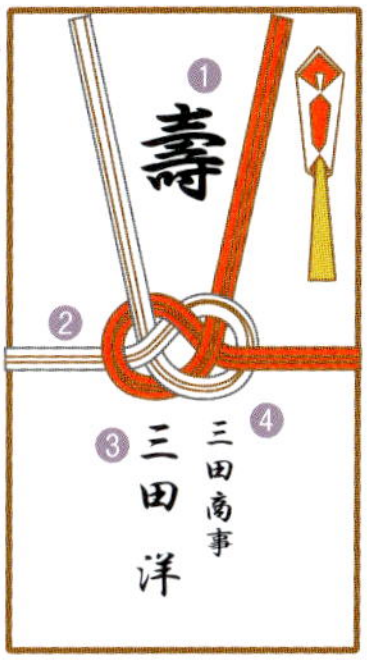

〈裏〉

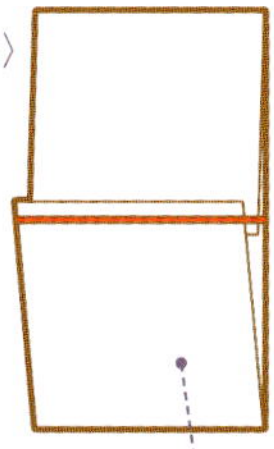

「天を向くように」という意味で、上⇒下の順で折り、下側を上にかぶせる。

中包み

〈表〉

〈裏〉

❶表書き 「壽」「寿」か「御結婚御祝」。できれば毛筆で手書きを。
❷水引 何度も結び直せる「蝶結び」は厳禁。結婚祝いには10本のものを選ぶ。
❸名前 下段中央に書きます。連名の場合は、右から目上の人を。
❹会社名 会社を代表して出席する場合は、名前の右側に記します。
❺金額 「金○萬円」と記します。金額は、壱、弐、参と漢字を使いましょう。
❻差出人 上包みを外したあとに紛れないよう、名前と住所を忘れずに記入しましょう。

ふくさの包み方

ご祝儀袋はふくさに包んで持参するのが本来のマナーです。慶事では左開きになるように包みます。

1 左側から折る

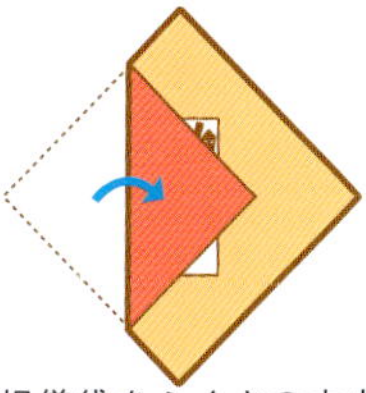

祝儀袋をふくさの中央、やや左寄りに置き、左の角から折ります。

2 上、下の順で折る

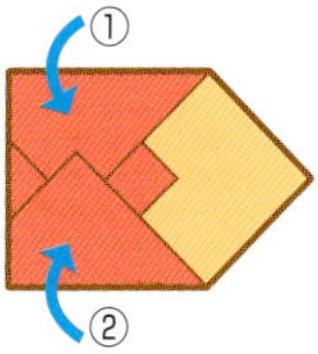

祝儀袋を包むように上側の角を折り、次に下側の角を折ります。

3 右を折って、角を折る

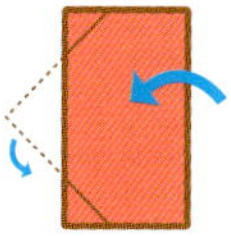

最後に右側の角を折り、余った部分を反対側に折り込みます。

Rule 3

フォーマルなスタイルが基本

結婚式・披露宴の服装

ココがPOINT

1 男性はダークスーツかブラックスーツで
2 女性は花嫁より目立たず、昼は肩を出さない
3 白一色のドレスなどNGアイテムに注意

お祝いの席にふさわしいフォーマルな服装で

結婚式や披露宴に出席する際、特にビジネス関係ならフォーマルな服装が基本です。男性は濃紺やグレーのダークスーツかブラックスーツにシルバーグレーなど慶事用のネクタイやポケットチーフなどを合わせます。女性は、昼間なら肩を出さないワンピースかツーピースでひざ下丈のアフタヌーンドレスを、夜なら襟ぐりの開いたロング丈のセミイブニングドレスがよいでしょう。女性がスーツスタイルで参加する場合は、アクセサリーなどで華やぎを添えましょう。

■招待客のNGルック

男性はスーツスタイルが基本です。ノーネクタイや派手なジャケットはNG。女性の場合、華やぎは必要ですが、主役の花嫁より控えめにする配慮も必要です。

×
- ●ノーネクタイ
- ●ジーンズ
- ●白一色のドレス
- ●派手な大振袖
- ●ティアラ
- ●は虫類皮革の小物
- ●ブーツや素足

服装のルール

女性

昼間は露出の少ないアフタヌーンドレス、夜はロング丈のセミイブニングドレスを。和装の場合、未婚か既婚かによって形が異なる。

男性

基本は濃紺かチャコールグレーのダークスーツかブラックスーツを選ぶ。遊び心を加えるなら、ネクタイやポケットチーフで華やかにしてもよい。

アフタヌーンドレス

昼間は長袖で膝下丈のアフタヌーンドレスが基本。肌の露出は抑え、光る素材は避ける。

和装

和装は昼夜問わず着用できる。未婚者は振袖、既婚者は色無地や訪問着を。

セミイブニングドレス

夜はロング丈で華やかなセミイブニングドレスが基本。カジュアルな雰囲気ならカクテルドレスなどでもよい。

ダークスーツ

白いシャツとシルバーグレーなどの慶事用ネクタイ、ポケットチーフ、黒革の紐靴を合わせる。

ブラックスーツ

日本では昼夜問わない略礼装。ただし、ブラックスーツ＋白ネクタイは、海外では葬儀時の服装なので注意しよう。

同僚の体験談

レンタルドレスが便利です

披露宴に着ていくフォーマルなドレスを持っていなくて、どんなものを買えばいいのか悩んでいたとき、先輩に勧めてもらったのがレンタルドレスです。ドレス選びのアドバイスもしてもらえますし、小物も合わせて2～3万円で借りられるので、たまにしか着ないならおすすめです。（メーカー・営業／20代・女性）

マナー講師の 気遣いPOINT

「平服で」と言われたときの服装は

ビジネスでのお付き合いのある方に招かれた場合、「平服で」と言われても、「タキシードなどの正礼装でなくてもかまいません」という程度に考えたほうが無難です。男性ならダークスーツ、女性ならある程度フォーマルな服装を用意しましょう。カジュアルな服装では、場の雰囲気にそぐわない場合もあるので注意しましょう。

Rule 4

マナーを守って祝福しよう

結婚式・披露宴当日の作法

ココがPOINT

1 | 遅刻は大迷惑。30分前には到着を
2 | 受付でも「おめでとうございます」のあいさつを
3 | スピーチや余興は3分程度にまとめる

お祝いの席だからこそマナーを守って

結婚式や披露宴はお祝いの席ですから、ふたりの門出がよい思い出になるよう、マナーを守って節度ある行動を心がけましょう。まず、遅刻は厳禁。30分前には会場に到着するよう余裕をもって行動しましょう。**受付では、お祝いのあいさつを忘れず、ご祝儀、記帳などをスムーズに**済ませられるようにします。宴席での飲み過ぎには注意を。また、スピーチや余興を頼まれている場合は、参加者全員が楽しめるように気を配り、心をこめて役割を果たしましょう。

■受付のしかた

余裕をもって到着	ひとりでも遅刻すると受付を終えられず大迷惑。30分前には到着しよう。
▼お祝いの言葉	受付ではまず、「本日はおめでとうございます」とあいさつする。
▼ご祝儀を渡す	ふくさに包んだまま両手で渡すのが正式だが、現在は上にのせて渡す。
▼芳名帳に記帳する	芳名帳は新郎側、新婦側があるので、招待された方に記帳する。

スピーチや余興を頼まれたら

スピーチや余興を頼まれたら、快く引き受けるのがマナーです。スピーチは、招いてくれた相手との関係性や相手の人柄が伝わるエピソードを中心に、ユーモアを交え3分程度にまとめます。

スピーチの流れ

1 新郎新婦へのあいさつ

新郎新婦に向けて、「○○さん、△△さん、ご結婚おめでとうございます」

2 親族へのお祝いの言葉

親族の席に向けて、「ご両親ならびにご両家の皆様にお祝い申し上げます」

3 簡単な自己紹介

「私は新郎の同僚で、□□と申します」など、新郎新婦との関係がわかるよう自己紹介。

4 新郎新婦にまつわるエピソード

新郎新婦の人柄が伝わる印象的なエピソードをユーモアも交えて紹介する。親族の印象も考えよう。

5 新郎新婦へのはなむけの言葉

「お二人で温かい家庭を築いてください」など、祝福の気持ちを伝える。

6 締めのあいさつ

「簡単ですが、お祝いの言葉とさせていただきます。ありがとうございました」

スピーチの注意点

祝福の心が必要です。新郎新婦の身体的な欠点や過去の男女関係を持ち出すのは厳禁。別れや再婚を連想させる言葉も避けるのがマナーです。

NG

NGワード

●忌み言葉

「切れる」、「離れる」、「壊れる」、「飽きる」、「去る」、「流れる」、「破れる」、「最後」、「死ぬ」など。

●重ね言葉

「重ねがさね」、「たびたび」、「くれぐれも」、「もう一度」、「再三再四」、「返すがえす」など。

余興の注意点

余興は3分程度でまとめましょう。歌や楽器の演奏、スライドの上映、新郎新婦にまつわるクイズなど、出席者全員が楽しめ、場が盛り上がるものがベストです。

先輩の体験談

勢いのある余興も、やり過ぎは……

会社の同僚の披露宴で、新郎の大学時代のサークル仲間が余興で裸踊りをしたことがありました。仲間内や新郎側のゲストにはけっこう受けていたんですが、新婦側の親族などは微妙な雰囲気。盛り上げるのはいいのですが、親族にも配慮した出し物じゃないとダメですよね。（建設・営業／20代・男性）

マナー講師の 気遣いPOINT

新郎新婦とのあいさつは簡単に

披露宴では、新郎新婦が会場の出入り口でゲストの一人ひとりにあいさつする時間がありますが、ここでのあいさつは簡単に済ませるのがマナーです。久しぶりに会う新郎新婦とはつい長話をしたくなりますが、自分以外にも大勢のゲストが待っていることを考えて行動します。話は、後日時間を作ってゆっくりとしましょう。

Rule 5

まずはお悔やみの言葉を

訃報を受けたら

ココがPOINT

1 お悔やみを述べ、必要事項を確認する
2 上司に相談して対応する
3 参列できないときは弔電を打つ

故人との関係や状況に応じて、適切な対応を

同僚の家族や取引先から、電話などで直接訃報(ふほう)を受けた場合、まずは「突然のことで…、ご愁傷様です」などと**お悔やみの言葉を述べます**。その後、通夜や葬儀、告別式に参列する場合に必要な事項を確認しておきます。故人と会社との関係によって対応が違ってくるので、具体的な行動については上司から指示を受けましょう。さらに、故人や喪主と近い関係の場合、遺族と会社の連絡を取り持ったり、通夜・葬儀の手伝いを行う場合もあります。

■弔事で確認しておくべきこと

以下の項目をきちんと確認しておきましょう。
①亡くなった方の氏名
②通夜・葬儀・告別式の日時と場所
③喪主の氏名と続柄
④宗教・宗派
⑤供花や花輪の受け入れについて
⑥会社からの手伝いが必要か

■訃報を受けたときの対応

電話などで訃報を受けた → お悔やみの言葉を述べる → 通夜・葬儀・告別式の必要事項を確認する →

社員の場合 >>>
故人の所属先・上司・総務担当に報告し、指示を受ける ― 指示に従って、弔電や供花、香典の手配をする ― 参列や遺族の手伝いについて部署内で打ち合わせ

取引先の人の場合 >>>
上司と関連部署に報告し、指示を受ける ― 指示に従って、弔電や供花、香典の手配をする ― 通夜・葬儀・告別式の参列について上司の指示に従って準備

通夜、葬儀、告別式の違い

「通夜」は本来、近親者や故人の友人などが集まり別れを惜しむ場です。ただ、近年は仕事の上でのお付き合いでも通夜に参列する人の方が多くなっています。「葬儀」は遺族や近親者が故人を送る儀式であり、「告別式」は皆でお別れをする場です。葬儀と告別式はひと続きで行われることが多くなっています。

社葬の場合

会社の幹部などが亡くなった場合は、会社主催の「社葬」として、葬儀・告別式を執り行うこともある。この場合、会社の業務として行われ、各部署に役割が割り当てられる。

■弔電の打ち方

通夜や葬儀に参列すべき間柄であるにもかかわらず、参列できないときは喪主宛てに弔電を打ちます。電話やインターネットで申し込み、葬儀の前日までに届くように手配しましょう。差出人名は、どんな関係の誰から送られたのかわかるようにします。

確認事項
●**喪主の氏名** 喪主がわからない場合は、「故○○（故人名）様ご遺族様」
●**届ける場所** 式の行われる斎場の住所と電話番号を確認
●**電報文** 定型文例などから選び、最後に差出人名を入れる

申し込み
●**電話の場合**
NTT＝115
KDDI＝0120-993-133
●**インターネットサイト**
NTT東日本：http://www.ntt-east.co.jp/dmail/
NTT西日本：http://dmail.denpo-west.ne.jp

先輩の体験談

慣れない訃報を受けて慌てました

新人の頃、同じ部署の先輩の訃報を電話で受けたことがありました。初めてのことでしたし、私も知っていた方だったのでびっくりしてしまい、どう受け答えしていいかもわからず、しどろもどろな対応になってしまいました。そのときは、様子を察して上司が引き取ってくれたのですが、ご遺族の方に慰めの言葉をかけるなど、きちんと対応していて、さすがだなと感じました。お悔やみも言えなかった自分が情けないです。（メーカー・経理／20代・男性）

Rule 6

宗教・宗派に合わせた不祝儀袋で

香典の基本

ココがPOINT

1 | 不祝儀袋は宗教・宗派を確認して準備する
2 | 不祝儀袋の表書きは薄墨で
3 | ふくさの包み方は慶事とは逆に

香典は葬儀の宗教・宗派にふさわしいものを

通夜や葬儀に参列するときは、故人への哀悼の意をこめて香典を用意します。**香典の名目や不祝儀袋の種類は、葬儀が行われる故人の宗教・宗派によって違います**ので、事前に確認しておいて間違えないように準備しましょう。香典の額は故人との関係によっても変わりますが、ビジネス関係の場合は先輩や上司に相談して決めましょう。また、不祝儀袋はふくさに包んで持ち運びます。ふくさは、慶弔どちらにも利用できる紫色のものが便利です。

■ふくさの包み方

慶事とは包み方が反対になり、右開きになるように包みます。

1 右側から折る

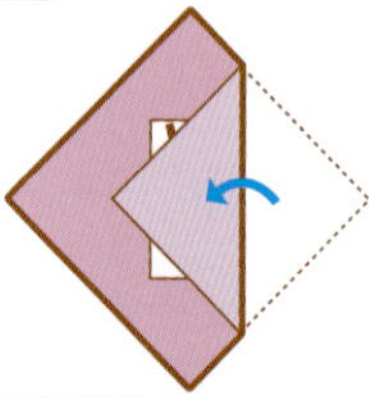

不祝儀袋をふくさのやや右寄りに置き、右の角から折ります。

2 下、上の順で折る

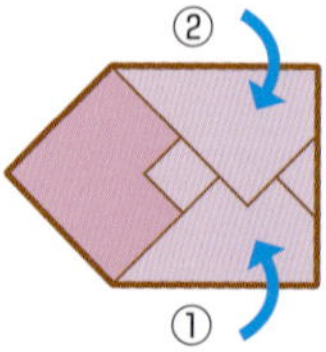

不祝儀袋を包むように下の角を折り、次に上の角を折ります。

3 左を折って、角を折る

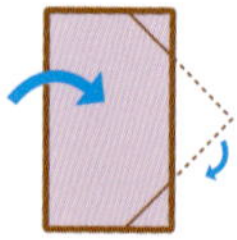

最後に左の角を折り、余った部分を反対側に折り込みます。

香典のルール

金額は５千円～１万円程度が目安ですが、多すぎるとかえって失礼になる場合もあるので、上司と相談して決めましょう。通夜と葬儀の両方に参列するときは、香典は通夜の際の１回だけにします。

故人との関係	金額の目安
同僚・上司・友人	５千円～１万円
同僚・上司・友人の家族	３千円～５千円
取引先関係	５千円～１万円

各宗教共通

外包み（表）

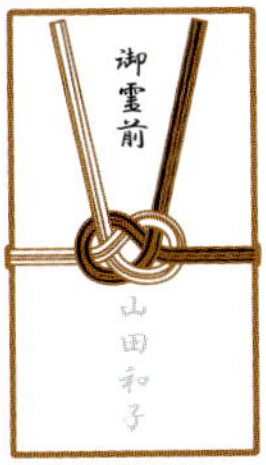

「御霊前」は、ほとんどの宗教・宗派で使える。表書きは薄墨で書く。名前は下段中央、会社名は名前の右側、連名の場合は右から目上の人を書く。

外包み（裏）

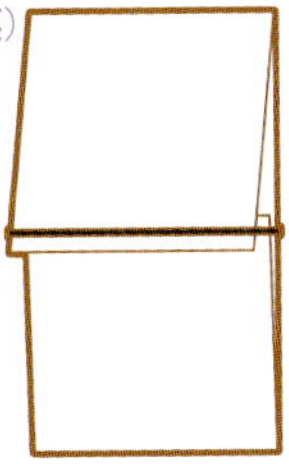

先に下側、次に上側を折ってかぶせ、水引をかける。かぶせを下側に向けて哀しみを表す。

中包み（裏）

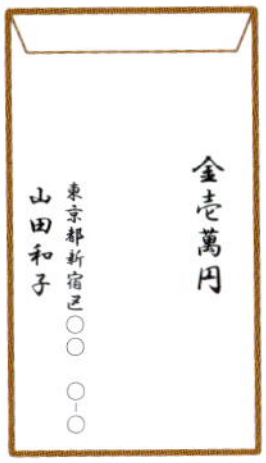

裏側に、漢数字で金額と住所、名前を書く。連名の場合は代表者の住所、名前を書く。

仏式

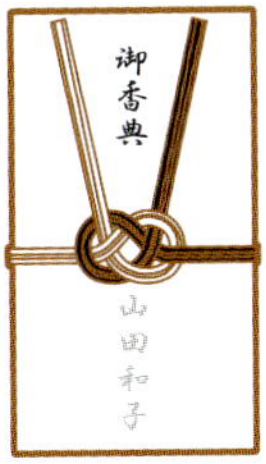

水引は黒白か双銀の結び切り。表書きは、「御香典」「御香料」など。浄土真宗は「御仏前」を使う。

神式

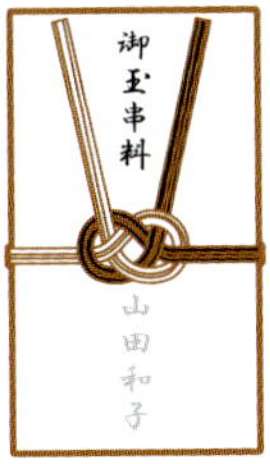

水引は黒白か双銀の結び切りのものを使う。表書きは、「御玉串料」「御榊料」「御神前」など。

キリスト教式

ユリの花と十字架の柄か白無地の封筒。プロテスタントは「お花料」、カトリックは「御ミサ料」。

マナー講師の 気遣いPOINT

香典のお札は新札を折って

ご祝儀とは逆に、香典には新札を使わない習わしがあります。これは、準備が必要な新札を使うことで「亡くなるのを待っていたようだ」という印象を与えてしまうためです。そのため、香典には少々使ったお札を入れるのが一般的とされてきました。しかし現在では、銀行などで容易に新札が手に入るようになり、受け取る側もきれいなもののほうが気持ちがよいため、新札でもよいとされています。それでも気になるなら、新札を縦に一度折り、折り目をつけてから袋に入れましょう。

Rule 7

哀悼の気持ちを服装にもこめて

通夜・葬儀の服装

ココがPOINT

1 | 急な通夜の場合は、地味な平服もしくは喪服
2 | 葬儀（告別式）には、正式な喪服で参列
3 | 女性は化粧なども地味めに

ブラックスーツか無地のダークスーツで

慶事以上に配慮が必要なのが弔事での服装です。**一般的にはブラックスーツが最適ですが、無地のダークスーツでも問題ありません**。どちらにしても、シャツは無地の白、黒色のネクタイ、靴下、革靴を合わせます。通夜の場合は地味な平服がよいとされています。その場合も派手な色ものは避け、できるだけジャケットやネクタイを用意しましょう。女性は、喪服、もしくは黒やダークグレーなどの無地でシンプルなデザインのスーツかワンピースで参列します。

■服装マナーのNG例

哀しみを表すため、できるだけ地味な服装を心がけ、派手な印象を与えるアイテムはNGです。女性のアクセサリーは一連のパールと結婚指輪はOKです。

×
- ●上下違いの服
- ●金ボタン
- ●光沢のある素材
- ●肌の露出の多い服
- ●派手なネクタイピン
- ●派手なメイクやネイル
- ●香水
- ●ブーツや素足

通夜の服装のルール

通夜に喪服を着ていくのは、不幸を予期していたようで失礼にあたるとの考え方もあり、地味な平服がよいとされています。しかし、最近は通夜も亡くなった当日ではない日に行われることが多いため、喪服での参列も問題ありません。

女性

黒やダークグレーなどの地味なスーツかワンピースで半袖以上の長さのもの。スカート丈は少なくとも膝下丈、ストッキングは黒か肌色。

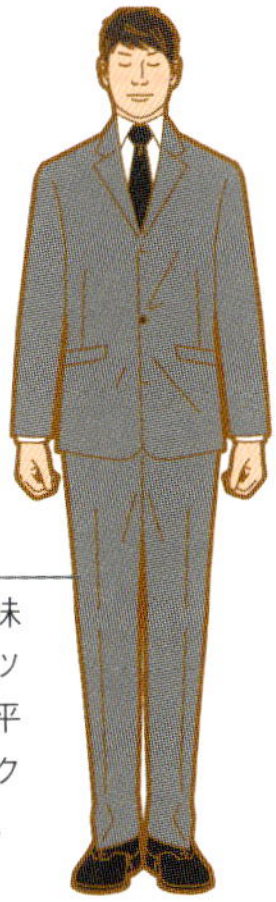

男性

紺やグレーなどの地味なスーツで、白いシャツと地味なネクタイを。平服でもジャケットとネクタイ、革靴は用意する。

葬儀・告別式の服装のルール

準備する時間があるため、喪服を着用します。男性ならブラックスーツか無地のダークスーツ、女性ならブラックフォーマルを着用します。靴やバッグも黒で統一しましょう。

女性

ブラックフォーマルか黒無地のスーツで半袖以上の長さのもの。靴、バッグは布製か光沢のない革製、アクセサリーは一連パール程度に。

男性

ブラックスーツか無地のダークスーツ。白いシャツに、黒いネクタイと靴下、光沢のない黒革の紐靴を合わせる。

先輩の体験談

通夜とはいってもそれなりの服装を

取引先の方の通夜に参列したことがあります。ファッション業界の人が多く来ていて、なかには短パンや派手なカラーシャツ、露出の多いビスチェタイプの服など、びっくりするような服装の人もいました。いくら平服でいいといわれる通夜でも、もう少し配慮が必要なのではと感じました。（ファッション・販売／ 30 代・男性）

マナー講師の 気遣いPOINT

傘などの色にも気をつけて

通夜や葬儀に参列するとき、スーツやシャツ、ネクタイなどの色・柄について気をつけるのはもちろんですが、傘やコート、マフラー、ストールについても哀悼の気持ちを表す地味な色にするよう気を配りましょう。周囲が黒一色の場所で、派手な色・柄の傘やマフラーではとても目立ってしまいます。

礼節をもって故人の死を悼む

Rule 8 弔問の作法

ココがPOINT

1. 故人の死を悼む気持ちが大切
2. 弔問の作法も宗教・宗派によって異なる
3. わからないときは親族の作法を参考に

弔事でのふるまいは失礼のないように注意

通夜や葬儀などの弔事は、**故人と生前に交友のあった参列者が、故人の死を悼むのが一番の意義です**。マナーを守って粛々と弔問します。携帯電話をマナーモードにしておくのは当然で、久しぶりに会った知人に会っても会場内での会話は控えましょう。遺族には黙礼をして、お悔やみの気持ちを伝えます。弔問の作法は宗教・宗派によって異なるため、親族の作法を見て参考にすればいいでしょう。

■受付での作法

1 お悔やみを述べる

受付では、まず一礼して、「このたびはご愁傷様です」とお悔やみの言葉を述べる。

2 香典を渡す

香典はふくさに包んだまま渡すのが正式ですが、ふくさをたたんでその上に香典をのせて渡す作法が一般的。

3 記帳して待機場所へ

芳名帳に氏名と住所を記入。会社の代表としてなら、社名と所在地の後に(　)で氏名を記入する。

■宗教別の弔問作法

仏教式　焼香

焼香の回数は宗派によって1～3回。親族や前の順番の人の作法を参考に行いましょう。

1

遺族と僧侶に一礼し、焼香台の2、3歩手前で遺影を見て一礼。さらに、焼香台まで進んで合掌。

2

右手の親指と人差し指、中指でお香をつまみ、軽く頭を下げ、目の高さに上げた後、香炉に置く。

3
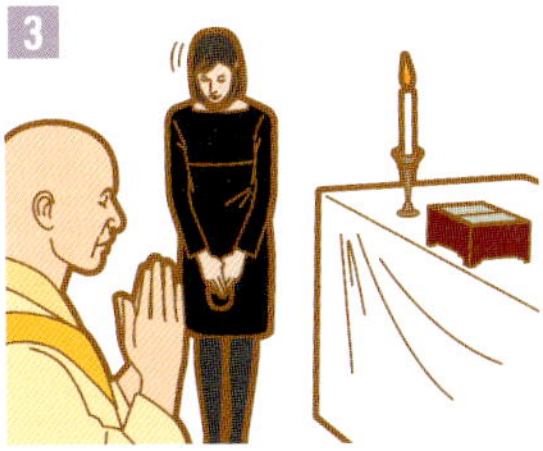

焼香後、再び合掌して一礼。前を向いたまま2、3歩下がり、遺族と僧侶に一礼してから退出する。

神式　玉串奉奠（たまぐしほうてん）

一礼し、榊に四手と呼ばれる細長い紙の飾りをつけた「玉串」を、神官から受け取る。玉串案（玉串を置く台）の前に進み、玉串を時計回りに180度回転させ、根元を祭壇に向けて置く。

キリスト教式　献花

生花は花を右側にして両手で受け取り、献花台の前で花が手前側を向くように回転させて献花する。黙とうか遺影に一礼し、遺族と牧師に一礼する。

通夜ぶるまいとは？

通夜のあと、喪家側が弔問客を酒や軽い食事でもてなすことを「通夜ぶるまい」といいます。通夜ぶるまいは弔問への感謝の気持ちの表れであると同時に“故人と最後の食事をともにしてもらう”という意味もあります。ですから、通夜ぶるまいを勧められたら申し出を受けるのがマナーです。近年は、弔問客に折り詰めなどを渡して、通夜ぶるまいに代えるケースも増えています。

マナー講師の　気遣いPOINT

弔問作法は素直に尋ねてもOK

弔問作法は宗教や宗派によって違うため、なかなか覚えきれません。そんなときは、前の順番の人のふるまいを見てまねをするのもいいですが、弔問の列の近くに待機している葬儀社や斎場の係の人に率直に尋ねましょう。相手は専門家なので、最低限守るべきマナーや作法を教えてくれるはずです。

Rule 9

会社対会社の季節のごあいさつ

お中元・お歳暮

ココがPOINT

1 ビジネスの相手に贈るときは上司に相談
2 お中元は7月15日、お歳暮は12月20日までに
3 贈答品を受け取ったら上司に報告しお礼状を

日ごろの感謝の気持ちを示す品物を贈る

お中元やお歳暮は、普段お世話になっている相手に対して、感謝の気持ちを形にして表す習慣です。ビジネス関係の相手への贈答品は、個人名ではなく会社から贈るのがルール。取引先やお客様に贈りたいと思ったときは、まず上司に相談しましょう。また、**贈答品は相手側の身になって喜ばれるものを選び、適当な時期に間に合うよう準備をしましょう**。逆に贈答品を受け取った場合も、すぐに上司に報告して、感謝の意を伝えるお礼状を出したり、お返しをします。

■取引先からいただきものをしたら

会社や部署宛てに届いたものはもちろん、自分宛てのものでも会社の代表として受け取ったわけですから、勝手に開封してはいけません。まずは上司に報告して、受け取ってよいかどうかも含め判断を仰ぎましょう。また、贈答品を受け取ったときには早めにお礼状やお返しをしますが、これも個人で判断せず、上司の指示に従って対応しましょう。

お礼状の文面例

拝啓　盛夏の候、貴社ますますご盛栄のこととお慶び申し上げます。
　さて、このたびはご丁寧なお中元の品物をお贈りいただきまして、誠にありがとうございました。
　日頃は私どもがお世話になっておりますのに、このようなお心遣いをいただき恐縮に存じます。
　今後とも変わらぬご愛顧を賜りますようお願いいたします。
　まずは略儀ながら、書中をもちまして御礼申し上げます。
敬具

お中元・お歳暮の贈り方のルール

会社の規定に従って

贈答品の予算や内容は会社の規定に従って用意する。特に規定がない場合は、上司や先輩に相談して、送り先と品物を決める。

発送前にあいさつ状を送る

贈答品を店から直接送る場合は、事前に品物を送った旨を伝えるあいさつ状を送る。配達日を確認し、先にあいさつ状が届くようにする。

どちらか一方ならお歳暮を

お中元とお歳暮は両方贈るのが最もていねい。一方だけを贈るなら、お歳暮を。お中元を贈った相手には、お歳暮も贈る。

贈答品選びのポイント

会社宛てならお菓子やお茶など、相手が喜んでくれそうなものを選ぶのが基本。相手が負担に感じるような高価なものは避け、相手の部署の人数や日持ちなどにも配慮をする。

- 贈り先の好みに合うもの
- 贈り先の人数に合ったもの
- 日持ちのするもの
- 普段手に入れにくいもの
- 季節感を感じられるもの

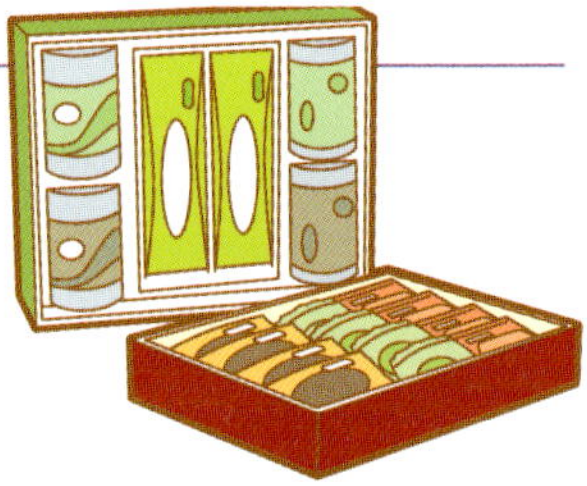

贈る時期と表書き

	贈る時期	表書き
お中元	6月下旬～7月15日ごろ	御中元
	～立秋	暑中御見舞（暑中御伺）
	立秋過ぎ	残暑御見舞（残暑御伺）
お歳暮	12月上旬～12月20日ごろ	御歳暮
お年賀	年明け～1月7日（松の内）	御年賀
	～立春	寒中御見舞（寒中御伺）

❶表書き

筆か筆ペンの濃い墨文字・楷書で上段中央に大きく書く。印刷されたのし紙でもよい。

❷水引

紅白蝶結びの水引（何度贈ってもよい品に使う）か、水引が印刷されたのし紙を使う。

❸差出人

下段中央に代表者の肩書と氏名を表書きより小さめに書き、右側に会社名を書く。

上司のホンネ

規定や慣行をふまえて

ときどき新入社員や、そのご両親からお歳暮などを贈られることがあります。会社の規定で社内での金品のやり取りは禁止されているので、受け取れないことを伝えて返品しなければなりません。規定が明文化されていないこともあるので、先輩に確認するなどしてから手配してほしいですね。（金融・営業／50代・男性）

マナー講師の 気遣いPOINT

喜ばれるものを贈るために

贈答品は、なによりも相手の方に喜ばれるものを選ぶことが大切です。そのためにも、普段のお付き合いのなかでもアンテナを広げておきましょう。日ごろのなにげない会話のなかで、相手が好きな食べ物や菓子の種類、職場の雰囲気や部署の人数などを把握しておけば、喜ばれる品を選びやすくなります。

Rule 10

あいさつの場面さまざま

お見舞い・年末年始のあいさつ

ココがPOINT

1 お見舞いは訪問可能な時間を確認
2 お見舞い品選びは相手の状況を考慮して
3 年末年始のあいさつ回りは忙しい時期を避けて

こちらの気持ちだけでなく相手の都合も考えて

ビジネスで関係のある方を訪問してごあいさつするのにも、さまざまなケースがあります。たとえば、日ごろお世話になっている人が病気やけがで療養しているときはお見舞いにうかがいます。相手の都合を考えてタイミングを見計らい、お見舞いには手土産を用意するのがマナーです。お見舞い品は、相手の状況に合わせて慎重に選びましょう。一方、年末年始のあいさつ回りでも、相手の負担にならない程度の手土産を持参して一年間の感謝の意を伝えましょう。

■お見舞いのマナーとポイント

入院直後や手術前は避けるなど、お見舞いはタイミングに注意します。上司や相手の家族の方に容態の確認をして、相談しましょう。取引先の方の場合は、先方の会社に連絡して、お見舞いが可能か確認してから家族に連絡を取ります。

お見舞い時のマナー

●訪問可能な時間を確認
●長居はしない
●大勢でおしかけない
●派手な服装や強い香水は避ける
●病気や仕事の話は避ける
●同室の人にもあいさつする

お見舞い品選びのポイント

●生花やフルーツが定番
●好みに合った本や雑誌、CDなど
●同僚や後輩なら現金でも
●鉢植えは「寝つく」に通じてNG
●香りの強い花、落ちる花もNG
●4(死)、9(苦)のものはNG

■取引先宛ての年賀状の書き方とマナー

宛名の書き方

❶住所は省略せず、都道府県から書く。
❷㈱、㈶などと省略せず正式名を書く。
❸役職名は氏名の上に、氏名より小さく。
❹氏名には様をつけ、中央に大きく書く。
❺差出人の住所・担当部署・氏名も表側に書く。

あいさつ文の書き方

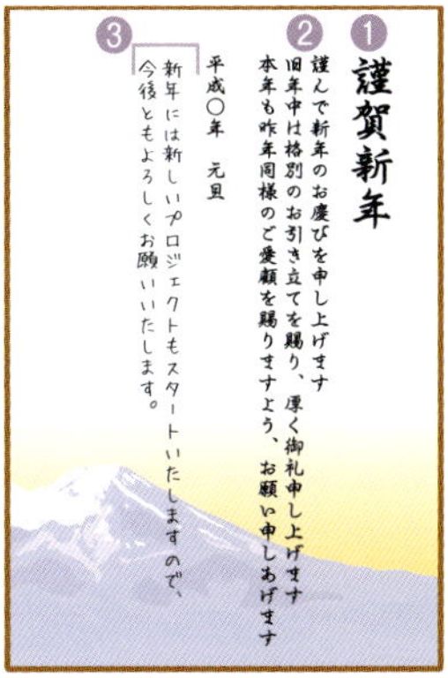

❶賀詞は、「謹賀新年」「恭賀新年」が便利。「賀正」「迎春」など、漢字２文字の賀詞は目上の人が使う表現なので、取引先や上司などにはNG。
❷社用の年賀状は印刷されたあいさつ文も多い。
❸自筆でひと言添えるとよい。

■年末年始のあいさつ回り

お世話になった取引先やお得意様には、年末に直接うかがってあいさつします。年末年始は先方も慌ただしいので、電話で都合をうかがっておきましょう。カレンダーなど、会社が用意する手土産を持参し、一年間の感謝の意を示します。

●年末：正月休み前の 25 日前後に回る
「本年は大変お世話になりました。来年もよろしくお願いいたします」と、あいさつをする。

●年始：正月休み明け早々に訪問する
「明けましておめでとうございます。本年もよろしくお願いいたします」と、あいさつをする。

先輩の体験談

社内の年賀状でも風習が…

年賀状は、一般の社員の住所は回覧されたので準備できましたが、上の役職の方々は載っていなかったため、個人情報が出せないのかと思って出しませんでした。しかし実際には事前に先輩に聞いてお送りするのが社内の風習でした。知り合いの会社では虚礼廃止のところも多いのに……。（設計業・技術職／ 20 代・女性）

マナー講師の 気遣いPOINT

年賀状は自筆で一行添えて

最近では印刷した年賀状を送ることが多くなりましたが、気持ちをこめるためにも自筆で一行でも添えるとよいでしょう。字に自信がない人でもていねいに書けば気持ちは伝わります。また、上司や懇意にしてもらっている先輩、お客さまなど特別な方へは、きちんと元日に着くよう、早めに準備しておきましょう。

Check! 冠婚葬祭の基本マナー 5章

理解度確認テスト

冠婚葬祭の基本マナーについて、理解度をチェックしてみましょう。1～10について、正しいかどうかを○×で答えてください。不正解だったものは指定ページに戻って復習しましょう。

Question

1	結婚式の招待状は届いてから1カ月以内に返信する。	
2	お祝いなのでご祝儀袋は金額にかかわらず豪華で見栄えのするものを選ぶ。	
3	お祝いする気持ちさえあれば結婚式に出席する服装はあまり気にしなくてもよい。	
4	結婚式の会場には、5分前までに到着するように心がける。	
5	訃報を受けたら「ご愁傷様です」とお悔やみの言葉を述べる。	
6	香典の不祝儀袋は、宗教・宗派に合わせて準備する。	
7	急な通夜の場合は、地味な平服で参列する。	
8	弔問の作法は、親族など周りの人の作法を参考にするとよい。	
9	個人宛てで取引先からいただきものをした場合は、自分でお返しを用意する。	
10	長く楽しめるように、お見舞い品に鉢植えを選ぶ。	

Answer

1	×	招待状は、遅くても届いてから1週間以内に返信しましょう。	P160
2	×	ご祝儀袋は送る金額に合わせて選ぶのがマナーです。	P162
3	×	お祝いの席にふさわしいフォーマルな服装で出席するのがマナーです。	P164
4	×	30分前には到着するように余裕をもって行動しましょう。	P166
5	○	まずは心を込めてお悔やみの言葉を述べてから、必要事項を確認します。	P168
6	○	故人の宗教・宗派によって香典の名目や不祝儀袋の種類は異なります。	P170
7	○	服を準備する時間のない通夜の場合は地味な平服で問題ありません。	P172
8	○	弔問の作法は宗教・宗派によって異なるため、周囲の人を参考に。	P174
9	×	個人宛てであっても必ず上司に報告し、指示に従って行動を。	P176
10	×	「寝つく」に通じる鉢植えはお見舞いには不向きです。	P178

巻末付録

できる社会人になる!

仕事術の基本

整理術 1

デスクの整理術

使いやすい定位置が仕事をスムーズにする

散らかったデスクでは、ものを探すのに時間がかかり、効率的な仕事はできません。重要な書類をなくすおそれもあります。デスクやパソコン、書類や電話はすべて会社の財産であるという意識を持ち、書類や文具など使うものは定位置を決めて管理し、効率的に仕事をしましょう。

STEP 1 ものの配置を決める

デスクのレイアウト

引き出しの大きさや位置を考慮して、それぞれに入れるものを決めましょう。作業をするときになるべくロスのないような配置が理想です。

資料
資料はファイルボックスに入れ、立てて置くと便利。退社する際にそのまま引き出しにしまえる。

電話
右利きの人なら、電話は左に置くと電話をしながら右手でメモできる。いつでもメモが取れるよう、デスクの上にはメモ帳を用意しよう。

引き出し上段
文具や計算機などよく使う小物はここに入れよう。

ゴミ箱
デスクの周りには必ずゴミ箱を用意する。不要なものはすぐに捨てよう。

引き出し中央
ものの出し入れが体を引かないとできないので、あまり使わないものを入れたり、離席する際に書類を一時的に保管するスペースと考えよう。

引き出し下段
大きく深さもあるので、マニュアルや辞書、書類などを立ててしまうのに便利。仕事中、デスクの上に出していたファイルボックスを終業時にそのまましまってもよい。

引き出し中段
上段より深さがあるので、DVD や CD などを立てて収納したり、デジタルカメラ、IC レコーダーなどを入れる。

STEP UP!!

先輩・上司に学ぶ デスクの整理術・実践例

デスクの上には何も置かない

「仕事が終わったらデスク周りに何も置かない」と決めてから、無駄な書類は廃棄している。必要性、重要性を意識し書類を保存することで、資料を探す時間が短縮できた。
（情報通信・システム開発／50代・女性）

引き出しをひとつ空けておく

情報漏洩防止のため、書類を出しっぱなしで離席することが禁止になった。机の引き出しをひとつ開けておき、離席の際にその中に入れておけば、仕事がすぐ再開できる。
（メーカー・経理／20代・男性）

STEP 2 整理のツボを押さえる

整理のポイント

デスク周りを整理し快適に使うコツは、使うものの定位置を決め、使ったら必ず元の場所に戻すことです。そして、いらないものは捨てることを心がけましょう。一旦、置く場所は決めたけれど、それを元の場所に戻すことができずにすぐに散らかってしまう場合は、定位置はその場所で本当によいのか、再考してみるとよいでしょう。

整理の原則

1. ものの定位置を決める
2. 使ったものは必ず元の場所に戻す
3. いらないものは捨てる

NG

これはNG！

×デスクの上に私物を置く

会社は仕事をする場所。デスクの上に小物を飾るなど、私物を置くのはやめよう。

×書類を出しっぱなしにする

書類の出しっぱなしは情報漏洩にもつながりかねない。離席時は必ず書類をしまおう。

整理術 2

書類の整理術

必要な書類を見極め仕事を効率化

書類の保存には意味があります。次回自分が仕事をするために必要なのか、自分以外の人が同じ仕事をするときのために必要なのか、法律で保存が定められているからなのかなど、理由を知った上で保存します。必要な書類は文具類を活用してうまく整理しましょう。

STEP 1 ルールを作ろう

必要な書類と不要な書類を分ける

書類は保存しておくものと廃棄するものに分けることが整理のコツです。仕事が終了したら、使った書類を保存が必要か、不要かに分けます。自分の判断で捨てられるものは廃棄し、迷うものは上司や先輩に判断を仰ぎましょう。保存する場合、法律で保存期間が決められているもの以外は、1年使わない場合は捨てる、などとルールを作って処分していきましょう。

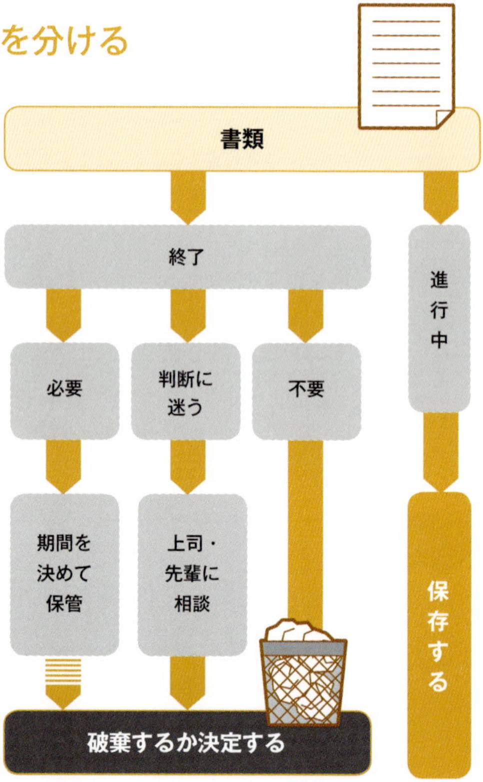

処分の原則

個人情報が含まれる書類など、重要書類は必ずシュレッダーにかける。

CD・DVDなどのデータもシュレッダーにかける。シュレッダーがない場合ははさみで裁断して廃棄する。

STEP UP!!

先輩・上司に学ぶ 書類整理術・実践例

クリアファイルを活用

他の人に書類を渡す際はクリアファイルに入れ、「○月×日までに●●まで返却」など、きちんと指示や依頼文を書いたふせんを貼ってから渡し、書類の行方不明を避けている。

(商社・経理/40代・女性)

書類はデータ化して保存

書類はデータにし、社外に持ち出さないパソコンやサーバに保存して、紙としては残さないようにしている。場所もとらず検索や加工も楽になり、仕事の効率もよくなった。

(情報通信・営業/30代・男性)

STEP 2 文具の活用で書類を徹底整理

クリアファイルを上手に使おう

クリアファイルは書類整理に万能なツールです。カラーのものを使って、重要度や内容ごとに分けたり、ふせんやラベルを貼って、内容がすぐにわかるようにしたりと、うまく活用しましょう。ダブルクリップもいくつかのクリアファイルを束ねたり、一時的に書類をまとめておくのに便利です。

ダブルクリップ
いくつかのクリアファイルをまとめてとじる。

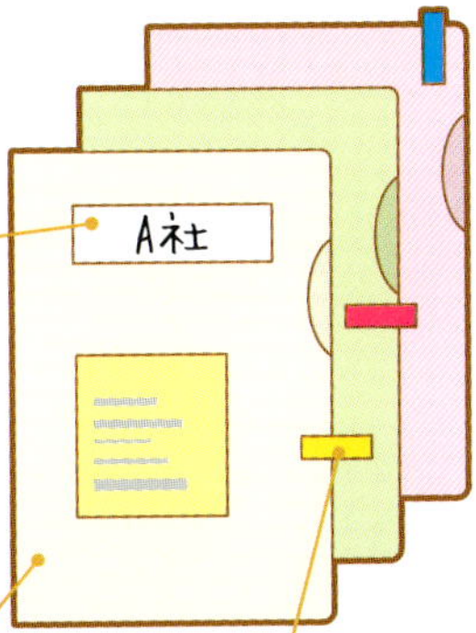

ラベル
表にラベルを貼って、「大至急」「要確認」など重要度や優先順位、何をすべき書類かを書いておくと、仕事が効率的に進む。

クリアファイル
数色のクリアファイルを使い、仕事の内容や重要度ごとに分けて使う。色だけで判断がつきやすく、作業がスピードアップする。

ふせん
まとめておいたときに、内容を書いたふせんをつけておくと探しやすい。表に指示を書いたふせんを貼っておくと、仕事のミスが減る。

書類は優先順位を決めて整理しよう

ビジネスではスピードがものをいうことが多い。処理すべき書類の優先順位を決めて整理・分類し、提出期限に遅れたりしないよう気をつけよう。

整理術 3

手帳の活用法

手帳は必須ツール！ 業務の効率化をはかろう

ビジネスパーソンにとって、手帳はなくてはならないビジネスツールです。特に、外出や打ち合わせなどが多い業種では、手帳が仕事の効率を大きく左右します。手帳を開くことを習慣化し、フル活用して業務の効率化や目標管理を行っていきましょう。

STEP 1 “書き込み＆把握”で使い込む

長期と短期のスケジュール表を

スケジュール表は、長期スケジュール表と短期スケジュール表の2種類を用意します。長期スケジュール表では、年間、四半期ごとなどの仕事の流れをつかみ、短期スケジュール表では、1カ月、1週間、1日単位のスケジュールを把握します。自分の仕事の流れによって、ひと目で1週間の予定がわかるものや、予定の多い人は30分～1時間単位で1日のスケジュールを書き込めるものを選ぶとよいでしょう。

どんどん書き込む

To Do とは?
自分がするべきことを「To Do」という。やるべきことを遂行するのに役立つ。箇条書きで書くといい。

予定
スケジュールや To Do を書き込む。予定が入ったらすぐに書けるよう、ペンを常に持ち歩く。

アイデア
アイデアが思い浮かんだとき、興味深い情報を聞いたときなどにも書き込む。後回しにすると忘れてしまうことが多いので注意しよう。

情報・メモ
訪問先の担当者名や住所、電話番号、最寄り駅などを記入し、手帳さえ見れば行動できるようにしておく。

見直して把握

朝目が覚めたときや通勤などの移動時間、喫茶店でひと息つくときや寝る前など、ちょっとしたスキマ時間を利用して、スケジュールを頭にインプットできるよう、1日に何回も手帳を見直そう。書き込むだけで満足してしまわず、何度も見直して把握することで手帳を使い込む。

STEP UP!!

先輩・上司に学ぶ 手帳活用のアイデア集

一目瞭然の管理術

1ページをプライベート、社内、社外の3つに分け、確定前はシャープペン、確定後はペンで記入し予定を把握。また、打ち合わせ内容のメモを差し込み、管理しています。
（メーカー・企画／20代・女性）

完了時間も書き込む

予定は「13時〜14時」などと完了予定時間まで書きます。また、実際に作業が完了した時間も記入すれば、何にどれくらいの時間をかけたかがわかるようになります。
（商社・営業／20代・男性）

STEP 2 目標を立てて管理する

目標設定で、自己管理を

たとえば「○○ソフトをマスターする」「売上○○円を達成」などの仕事に関する目標を書き、それを実現させるためには何をしたらいいのかを考えます。また、個人的な目標として、「プラス思考になる」「資格を取る」など、どういう自分になりたいかという目標なども手帳に記します。それにより、目標に向けて努力すべきことを具体的に細分化することができ、行動に移すきっかけを見つけやすくなります。

遠い目標

10年後、5年後、3年後など、遠い目標をそれぞれ考えよう。将来どのような自分になりたいのかを見据えて、できるだけ具体的に書いてみる。数値的な目標があるとなおよい。

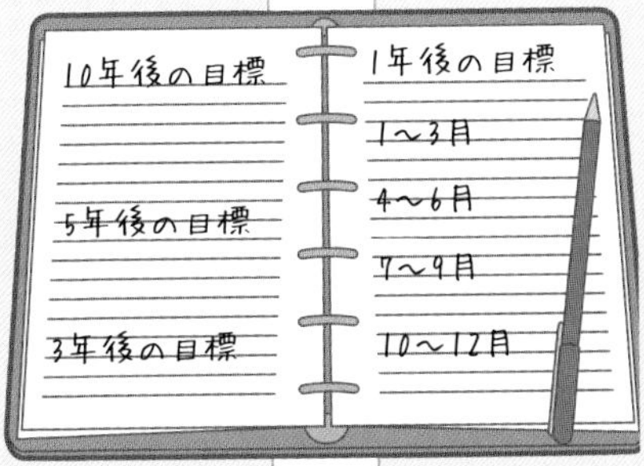

近い目標

1年後の目標を立て、それに基づいて半年ごと、数カ月ごとなどの短期間での目標を設定しよう。1年後の目標を達成するには、いつまでに何ができていればいいのかを逆算し、身近な目標を立てていく。

自己管理

整理術 4

ビジネスノート活用法

ノートの活用しだいで仕事の中身が変わる

社内会議や顧客との商談、勉強会などをはじめ、ビジネスではノートを取る機会が数多くあります。ノートをせっかく取っても、取りっぱなしで活用しないのはもったいないことです。ビジネスに関する重要情報をノートに整理し、仕事に活用しましょう。

STEP 1 読み直して補足する

書き漏らしのフォローをする

商談や会議の最中はコミュニケーションをとることを優先しますが、そうしていると、重要事項をノートに書き漏らしてしまうこともあります。書き漏らしは、後できちんとフォローしておきましょう。そこで習慣づけたいのが、「ノートを見直して、欠けている重要情報を補足する」という作業です。1日経つと前日のことは細部までは思い出せなくなってしまうため、毎日見直し、追記作業を行いましょう。

1日を振り返る

商談や会議を振り返り、「ノートには書いていないけれど、お客様と何か約束をしなかったか」「自分がすべき仕事の記入漏れはないか」といった観点でノートを読み直し、重要事項を書き足していく。

→

重要情報の補足

ノートを読み直しながら、「○○社の△△さんへ、××日までに資料を送る約束をしたので、準備する」「来週末のプレゼンに向けて、□□について調べておかなくてはいけない」といったように、To Doや重要情報を補足する。

→

手帳への転記

やるべきことをすべてピックアップし、手帳の「To Do リスト」に転記する。

↓

ノートの活用！

STEP UP!!

先輩・上司に学ぶ ノート活用のアイデア集

案件ごとにファイル管理

ノートはレポートパッドを活用するのがおすすめ。案件ごとに切り離して、ほかの資料とともにファイリングすれば、そのプロジェクトに関する情報がまとめられます。

（運輸・人事／30代・女性）

反省ノートを作成

上司のアドバイスで、事例と反省点、改善点などを書くノートを作りました。ささいなミスもすべて書くようにしたら、どうするべきかを先読みして行動できるようになりました。

（医療・薬剤師／20代・女性）

STEP 2 検索性を高める工夫を

見出しをつけよう

情報の整理をし、検索性の高いノート作りを心がけましょう。会議後のスキマ時間や仕事が終わった後の時間を使い、読みやすいノート作りを行います。

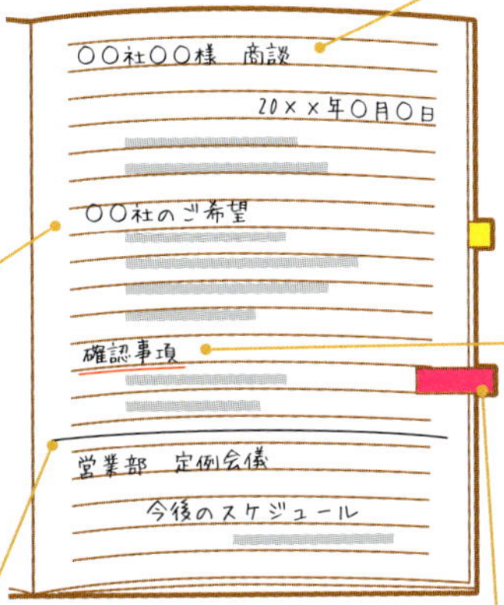

冒頭にタイトルを書く

冒頭に、たとえば「○○商事△△様との商談」、「営業部 定例会議」などと、大きめの字でタイトルを書く。あわせて日付も入れておこう。これで、いつ・どこで・誰と・何のために打ち合わせをしたときの内容であるかが一目瞭然になる。

区切りごとに小見出しを

内容の区切りごとに、小見出しをつけておく。たとえば、今後のスケジュールについて書いた部分には「今後のスケジュール」、双方で詰めるべき確認事項について書いた部分には「確認事項」などと書こう。

重要部分は強調する

重要部分やキーワードについては、赤ペンでアンダーラインを引いたり、大きな丸で囲んだりするとわかりやすい。

横線を引き、区切る

内容の区切りごとに横線を引くと、区切りと区切りの境界が明確になる。こうしておくと「今後のスケジュールは？」とノートを開いて見直すときに、必要な部分がすぐに見つかる。

ふせんの活用

進行中の案件や、項目ごとの分類にはふせんが便利。重要箇所などがあるページにふせんをつけ、すぐにそのページが開けるようにしておくとよい。

整理術 5

情報の整理術

名刺や資料などの情報は検索しやすい分類を

名刺や資料などは、どんどん増えていってしまうもの。検索しやすい分類法で整理しておくと後で便利です。また、部署などで共有する資料、個人情報や重要事項が含まれる情報の管理には十分気をつけるようにします。処分するときにはシュレッダーなどを利用しましょう。

STEP 1 名刺管理のしかた

メモしてから分類する

名刺をもらったら、次に会うときに顔と名前が一致するよう、名刺に相手の情報を書き込んでおくとよいでしょう。会った日や面談内容、相手の印象などもメモしておくと後で便利です。ただし、相手の前で記入してはいけません。名刺整理の方法は、会社名と氏名で分類するのが基本。または人名別・業種別・頻度別など、自分が検索しやすい分類方法を見つけましょう。

名刺ボックス

自分なりの分類方法で整理しよう。名刺分類用のボックスを使えば、分類も挿入も簡単。同じ会社の人の名刺が増えても、間に入れていくことができ、大量の名刺を整理するのに向いている。また、出し入れがしやすいなどのメリットもある。

名刺ファイル

ファイルは本棚や引き出しなどに収めやすいので、デスク周りでの使い勝手がよいことがメリットといえる。ページごとに、会社名などの50音順にまとめると検索性がよくなり使いやすい。こまめに分類し直すのがポイントとなる。

名刺用ソフト・スキャナー

名刺情報をデジタル化すれば、パソコンからのラベル出力や、携帯電話に情報を移すこともでき、データのフットワークが飛躍的に高まる。名刺スキャナーを使って情報を自動読み取りし、名刺情報データベースを作ろう。検索や修正がすばやくできるメリットがある。

名刺ボックスとファイルの併用

何年先でも役立てることのできるのが名刺。しかし、増える一方なので、時間が経てばあまり使わない名刺が増えていくのも避けられない。「これはしばらく使わないな」と思う名刺があれば、専用のボックスやファイルに入れ、別に収納しよう。

STEP UP!!

先輩・上司に学ぶ オリジナル整理法

PDFのデータ管理

私の名刺整理法は、2年会っていないお客様の名刺をピックアップし、PDFファイルにしてデータで管理することです。かさばる一方の名刺管理が簡単になりますよ。

（メーカー・人事／30代・男性）

番号&キーワード活用

業務ごとに番号を振り、その番号をフォーム、ファイルボックスなどにつけて整理しています。雑多な書類は、連想しやすいキーワードごとのファイルに入れています。

（旅行代理店・営業／40代・男性）

STEP 2 資料整理のしかた

アイテムを活用する

資料の形式や利用法に応じて、スクラップブック、ファイル、パソコンなどを活用します。部署などで共有する資料の場合は、分類方法を統一しましょう。

分類法を決める

テーマ別・業種別・出典別など検索しやすい分類法を決め、インデックスをつけるなどの工夫をすると、後で検索しやすい。

日付・出典を明らかに

新聞や雑誌の記事などは、コピーを取ったりスキャナーでデータ化するなどし、日付と出典を加えてわかるように保存する。

データはバックアップを

パソコンで保存する場合は、システムのトラブルなどに備え、バックアップを取る。

古いものは処分する

集めた資料は定期的に見直し、古いものや不要なものは処分していこう。個人情報が含まれるものや重要書類は、必ずシュレッダーにかける。CDなどははさみを入れるか、専用シュレッダーにかけて処分しよう。

整理術 6

思考の整理術

頭の中を整理して柔軟に解決する「思考力」を

自ら課題を見つけ、柔軟な姿勢で解決していく「思考力」を持つことは、ビジネスパーソンにとって必須といえます。日々のさまざまな業務で散らかった頭の中を整理する習慣が身につけば、どんなときも適切な対応ができる力へと結びついていきます。

STEP 1 客観的に見つめる

冷静に自分を把握する

仕事で問題が起きたときなどは、つい「しなければいけないこと」に追われて、頭の中がいっぱいになってしまうことがあります。そんなときこそ、冷静に自分を見つめ、状況を把握することが必要です。自分に余裕がないとつい責任転嫁などをしがちですが、状況を客観的に見つめることができれば、新たな視点に気づくことができます。

想像力を働かせる

問題が起きたときに、ただその場しのぎの対処を繰り返すだけでは根本的な問題の解決にはならない。そんなときこそ想像力を働かせて「なぜ問題が起こるのか」について、さまざまな角度から客観的に考え、原因を究明してみよう。

改善の意識をもつ

原因となる要素が洗い出せたら、次にどうしたらその原因を取り除くことができるのかを考えてみよう。解決につながるようなアイデアを思いついたら、「課題」として取り組み、問題の根本的な解決を図ろう。

STEP UP!!

先輩・上司に学ぶ 思考整理に役立つ小物

朝イチのふせん術

その日の仕事をふせんに時系列または優先順に書き、デスク周りに貼っています。終わったものからはがすと仕事の進度などがよくわかるので、仕事の効率化につながりました。

（サービス業・総務／20代・女性）

改善点をすぐにパソコン入力

日々の業務での改善点を感じたら、すぐにその場でパソコンのメモ帳に入力しています。そのメモ帳を毎週一回チェックして整理し、改善につなげています。

（サービス業・営業推進／50代・男性）

STEP 2 取り組みの工夫をする

最も重要なことは何か？

1日は24時間しかない。なんでも「ちょっと無理をすればできるはず」という考え方では、効率が悪く体にもよくない。「自分や会社にとって重要なこと」を整理したら、それを優先し、集中的に時間を使うことが基本。その都度更新していこう。

サイズダウンはできないか？

仕事の工程やスケジュールを見直し、無駄な動きがないかを検証してみよう。効率化や分散化などによって、いま自分が持っている仕事をボリュームダウンすることができないかを考えてみる。ボリュームダウンができれば、時間に余裕が生まれる。

マネできる先輩はいないか？

同じ部署内の上司や先輩、または同じプロジェクトに携わっているチームのメンバーなどに、工夫して仕事を行っている人がいないかを考える。「マネ」することで学び取れることがあるはず。周囲を見渡してみよう。

足りないものはないか？

何かがあったほうがより効率的に仕事をすることができるのではないか、または、今の自分でこの業務ができるだろうか、などを考えてみよう。足りないものや不安な点があれば上司に相談して、アドバイスをもらおう。

仕事に喜びを見いだしているか？

働くことは、自分を豊かにし成長させてくれるものという意識をもって仕事について考えてみる。仕事に喜びを見いだし、それを楽しめれば自分自身の成長のスピードが上がるはず。どんなことにやりがいを感じているか考えてみよう。

段取り 1

段取りの基本

自分の段取りを振り返ってみる

出社してまず手をつける仕事は何でしょうか？　仕事はスムーズに進められているでしょうか？　終業時刻にはその日の仕事を終わらせ、帰路につけているでしょうか？　残業続きの毎日や納期に追われる日々を送っているようなら、仕事の段取りを見直してみましょう。

STEP 1　仕事を頼まれるときの心がけ

上司の依頼に対応できるか考える

基本的に、上司は日ごろの「ホウ・レン・ソウ」やコミュニケーションからあなたの仕事の状況などを考えた上で仕事を指示しているはずです。仕事を受けるときには、きちんと対応できるよう段取りを考えることが大切。自分の持っている仕事の量や進捗などの状況を考えずに新しい仕事を受けると、後で会社に迷惑をかける可能性があります。

段取り八分

仕事を進める上で、事前の準備がいかに重要かを表現した「段取り八分」という言葉がある。段取りを怠りなくしておけば、その仕事の８割は完了したも同然ということ。

仕事の受け方

仕事の段取りが悪い人は、仕事の受け取り方などに問題があることが多い。上司から仕事を依頼されたら、その場でメモを取りながら「だいたいA4で３ページくらいのボリュームでしょうか？」などと、アウトプットをイメージして共有しよう。

STEP UP!!

先輩・上司に学ぶ 段取りの工夫例

何につながるか？

行う業務に対して、「この業務はどんなことにつながっているのか」と考えるようにしています。それを考えることで、その業務だけではなく全体像が見えてくるからです。

（運輸・事務／20 代・男性）

To Do リストで段取り

To Do リストを作り、優先順位ごとに業務の進捗管理をしています。明日へ持ち越しの仕事はリストに書き、頭を空っぽにして会社から帰るようにしています。

（デパート・総務／30 代・女性）

STEP 2 積極的に取り組む

段取りの効率化を考える

「時間のかけ方に無駄はないか？」「業務を進める上で流れが滞っているところはどこか？」などを考えます。1 日の流れから、1 週間、1 カ月、3 カ月の短期、半年、1 年以上の中長期にわたるまで見直し、段取りを徹底的に効率化していきましょう。段取りの効率化には、次のような方法があります。

仕事の内容と時間帯を考える

企画立案、プレゼン資料作りなど「考えること」を要する仕事は、頭がさえている時間帯や集中しやすいときにこなす。書類や領収書の整理など「考えること」をあまり必要としない作業は、食後などの能率が落ちやすい時間帯やスキマ時間にまとめてやるようにしてみよう。

締め切りを設定し逆算する

すべての仕事について締め切りを設定しよう。仕事全体を細かく段階に分け、ゴールから逆算することによって、各段階の仕事をいつやるべきかが明確になる。1日の中でも細かく自分に締め切りを課すことによって、仕事はスピードアップする。

段取りのポイント

段取りは計画、実行・進捗管理、時間管理を考えることによって組み立てていきます。

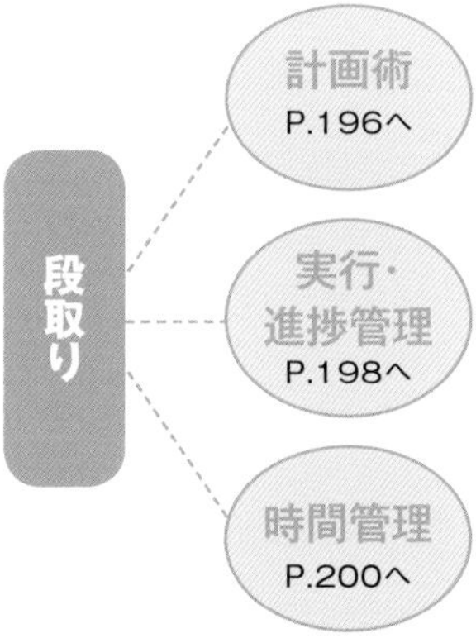

段取り 2

計画術

目的を理解し目標を決めていく

まず、仕事の目的を理解することから始めましょう。なぜそれをするのかを考えた上でのピントの合った計画策定が必要です。計画とは、実現のための方法、時期、場所、責任者、担当者などを決めることです。目標を定め、目標到達までの道筋を示しましょう。

STEP 1 目標を決める

目標設定のポイント

目標を達成するまでの道筋は、いつ、どのようなリソース（人、情報、もの、お金など）を使って、どのように……という3つの要素を明確にすることで見えてきます。無理難題を自分に課すのではなく、「達成できる」目標をたてましょう。下記の4つのポイントを軸に設定してみるとよいでしょう。

1. 目標が具体的である

具体的な目標設定ができると、モチベーション向上にもつながりやすい。目的を考慮しながら、たとえば「○○の資格を取る」「業務に必要な△△のジャンルについて理解する」などの具体的な目標を設定しよう。

2. 達成基準が明確である

「どこまでやれば目標を達成したことになるか」という、目標の達成基準を明確にしよう。量や数など、数値化できるもので設定するとより具体的な基準になる。短期的なゴールを設定してみるのもよいだろう。

3. 自分にとって魅力的である

その目標が「本当に自分にとって魅力的で、スキルアップできるかどうか」は大切なポイントといえる。世間的には魅力的でも、自分にとっては意義を感じないこともある。もし「あまり魅力的ではない」と感じたら、ほかの適切な目標に切り替えよう。

4. 目標レベルが適切である

難しすぎず、易しすぎないレベルが最もやる気を刺激する。無謀ではなく現実に達成できる見込みがあるか、自分がチャレンジできる目標であるかどうかを考え、適切なレベル設定をするように心がけよう。

STEP UP!!

先輩・上司に学ぶ 計画のコツ

最初に決めること

計画設定では、最初の段階で「何を、いつまでに、どこまで、誰が、どうやって」といった項目を明確にするようにしています。これを決めると、後で動きやすいんです。
（証券・営業／30代・女性）

カレンダー活用！

カレンダーに、その日にやるべきことや締め切り日を書き込んでいます。また、それまでの過程も書き込み、自分で全体の流れを把握できるよう努めています。
（メーカー・事務／20代・女性）

STEP 2　仕事の手順と方法を考える

中・長期や短期のプランを立てる

具体的なアクションプラン（活動計画）を策定します。このアクションプランでは、5W2Hに漏れがないよう注意しましょう。２～３年程度の時間軸で設定した中・長期プランや、数カ月や１週間程度の短期実行プランの２種類があります。何から手をつけるのかを、作業レベルで明らかにしていきます。

1 仕事の開始時期と終了時期を意識する

仕事の始まりと終わりを意識することは、プランを立てるうえで重要なポイントなので、必ず意識しよう。その仕事のスケジュールを把握し、自分の予定に組み込んでいくようにするとよい。

2 中・長期のプランを立てる

1年は52週しかない。達成したい目標と、決算時期やイベント、会議、社内行事などすでに決まっている予定を中・長期で考え、どの時期に何をすべきかを大まかに把握しよう。

3 短期のプランを立てる

数カ月や1週間など短期のプランを組むときは、まず締め切り日を書き込もう。その日までに行うべきことを細分化し、いくつかの到達点を設定すれば、その月や週にやるべきことがわかる。

段取り3

実行・進捗管理

実行し続けるため進捗管理を行う

目標をクリアできる人とそうでない人の違いのひとつが「実行力」です。大きな目標を掲げることは誰にでもできます。問題は、「実現するためにどう実行し続けるか」ということです。進捗管理を行って全体像を把握することで、「実行力」を確実なものにしていきます。

STEP 1 決めたことを確実に実行する

自ら「やること」に納得する

仕事を実行し進捗を管理する上で大切なのは、前向きに仕事に取り組む能動的な姿勢です。自らやることを常に意識し、目に見える形で確認し、実行可能な形に具現化する。この繰り返しによって、決めたことを確実に実行していきましょう。

意識化する

優先順位や緊急性、会社や自分の状況を意識し、目標を絞り込もう。“意識”の中に、常に絞り込んだ目標を入れて行動するように心がけてみるとよい。目標を意識化することでモチベーションもあがる。

具体化する

大きな目標のままに放置せず、それを細かくブレイクダウンして、今すぐにできるくらいの大きさに「具体化」していこう。目標の大きさや達成までの困難を感じると、人は行動しにくい。どんな大きな目標や問題でも、小さな行動の積み重ねで解決していくことができる。

見える化する

日々の仕事やブレイクダウンされた目標を、目に見えるところに貼るなどの工夫をしよう。スケジュール帳やTo Doリストにやることをメモし、仕事内容や優先順位、目標などの「見える化」をはかる習慣をつけるといい。

STEP UP!!

先輩・上司に学ぶ 実行のポイント

週間計画の実行

1週間の計画表を作っています。机上の見える位置に置き、半日に1回、実績や新しく入った仕事を書き込みます。仕事が割り込み不可の場合はメモ欄に記入しています。

（メーカー・技術職／30代・男性）

完了した仕事をチェック

やるべきことはスケジュール帳に優先順位をつけて記入し、終わったものは赤ペンでチェックしていきます。手間のかかる仕事から行うことを意識すると仕事が進みますよ。

（情報通信・経理／40代・女性）

STEP 2 行いやすい進捗管理とは

進捗管理＝消化状況のチェック

そもそも進捗を管理するのはなぜでしょうか。それには2つの目的があります。ひとつは上司に報告をするため。もうひとつが、自分で状況を把握するためです。お金を管理する際に予算を組み、その消化状況をたえずチェックするのと同様に、時間の管理においても予算と消化状況のチェックが欠かせません。この消化状況のチェックが進捗管理です。途中経過を見て、それが想定通りのペースかどうかを確かめていきましょう。

1｜現状把握

具体的にどこまでが進んだのか、遅れているのであれば何分あるいは何時間、何日遅れているのかを把握する。問題点なども把握しておこう。

2｜数値把握

重要なことは現状を数字で把握すること。全体の何割が終わったのか、どこにどれくらいの手間がかかるのかなどを数値化し、全体像をつかむ。

3｜危機管理

「最後に気合いを入れればなんとかなるだろう」という程度の認識では、手遅れになってから気づくという事態になりかねない。

進捗管理の効果

1｜現在抱えている仕事をすべて把握できる

2｜それぞれの仕事ごとにかかる時間を把握できる

3｜現在のコンディションが仕事に与える影響を把握できる

段取り 4

時間管理

限られた時間を有効に使う

「時は金なり」という言葉があります。さまざまな仕事を任されるようになると、時間が惜しいと感じるようになるものです。「もっと時間の使い方が上手になりたい」という願いを叶えるには、限られた時間を有効に使うことが大切。時間の活用法や管理術をマスターしましょう。

STEP 1 時間管理の考え方

時間管理＝自己管理！

「時間管理」でコントロールできるものは何なのでしょうか。それは、自分自身です。時間管理とは自己管理のこと。いかに1日を生産的に充実したものにできるか、そのためにいかに自分を管理できるか。これらを突き詰めたものが時間管理なのです。

時間は財産！

通勤電車の中で何もせずに過ごす時間が、片道30分あるとしよう。これを続けると、1年間では〈30分×往復×200日＝200時間〉もの時間を無駄にしていることになってしまう。時間を使う＝自分への“投資”と考えると生産性がアップする。意識を改革し、無駄にしている時間がないかどうかを考え直そう。

細切れ時間を有効活用

細切れ時間とは、仕事と仕事の間、または日常で発生するちょっとしたスキマ時間のこと。個人差はあるが、合計すると1日に数時間ほど発生するといわれている。これらの細切れ時間を活用すれば、生産性が飛躍的に上がるはずだ。たかが10分、されど10分。時間が空いたら何をするのかをあらかじめ決めておこう。

STEP UP!!

先輩・上司に学ぶ マイ時間管理術

2時間ずつの時間管理

1日の労働時間である8時間を4分割して管理しています。そうすることで、進捗を管理できるんです。手帳に細かく予定を書き込み、スキマ時間があれば活用します。

（情報通信・広報／50代・男性）

朝の書き出し法

朝出社したら、1日のやるべきことをすべて書き出します。書き出した内容から作業時間を逆算し、自分なりに「何時までに仕上げよう」と計画を立て、実行しています。

（保険・事務／20代・女性）

STEP 2 時間管理の実践術

To Do リスト活用

「やりたいこと」「すべきこと」「考えたいこと」「気になること・心配事」などの項目をリストアップし、行動チェックリストを作ろう。できるだけ要件を細かく分解し、詳しく書き連ねることを心がける。必要があれば逐次更新していく。

先延ばしはNG

手間のかかる仕事などは後回しにしたくなることもある。しかし、先に手がけることで「これが終わればスッキリした気持ちで次の仕事に取りかかれる」などというポジティブな心境で作業をすることができる。どちらが効率的かを考えよう。

時間配分

To Doリストの内容について時間を配分する。短時間でできるものがあれば、細切れ時間に行えることが見えてくる。また、考える時間と作業する時間を分け、作業しているときに物事を考えることはやめてみよう。作業中は集中することを心がける。

協力姿勢を忘れずに

同僚との共同作業の場合にも、万が一のトラブルに備えて自分の仕事は締切よりも早めに終えるように心がけよう。締切までの時間を使って、同僚の作業を手伝うことや、よりよい成果を出すための工夫をすることができる。

集中力

たくさん時間をかけても仕事が進まない人と、少ない時間でたくさんの仕事をこなしてしまう人がいる。両者の違いは、集中力にある。集中力を上げるには、精神面や健康面、人間関係が充実していることが必要となる。

ごほうびの設定

時間管理には作業を終えてひと休みし、活力を充填することも含まれる。「終わったらコーヒーを飲む」などモチベーションが高まるような「ごほうび」を設定して作業効率を上げれば、予定通りに作業をこなせるはず。

交渉力アップ　1

営業力

営業のポイントを押さえ ヒアリングで成績アップへ

新規のお客様を開拓したり、取引先と納期や価格の交渉をするなど、「営業」職は、ビジネスの最前線で他社と折衝を行う重要な職種です。営業の基本的な流れを理解し、お客様の要望をすくい上げて業績につなげるヒアリングの方法を学び、営業力を磨きましょう。

STEP 1　営業の流れとポイントを知る

営業活動の基本的な流れ

1 | 営業先にアポイントを取る

営業活動などで他社を訪問する場合、事前にアポイント（面会の約束や予約）を取る。（詳しくはP.102参照）

2 | 営業先を訪問し、自社の商品を売り込む

営業先を訪問し、自社の商品やサービスを説明し、購入・採用した場合に相手にどのようなメリットがあるのかをアピールする。また、相手がどのようなニーズを持っているのかを探り、その情報を商機につなげることも営業の仕事。

3 | 契約を結ぶための交渉を行う

相手が商品の購入に前向きな場合、契約の具体的な条件について交渉を行う。価格や数量、納期などの条件について、互いに自社のメリットを高めようと、ときには厳しいやりとりが行われる。

4 | 契約締結（クロージング）

両社にとって納得できる条件が決められたら、正式に契約を結ぶ（「クロージング」という）。営業にとって最も充実感のある瞬間でもある。

5 | フォローアップも重要

契約後に商品がきちんと納入できたかなど、フォローアップを行うことで相手先との良好な関係を維持するのも営業の重要な仕事。そこからより大きな契約につなげることも可能になる。

営業力アップのポイント

スマイル
特に初対面の相手に対しては、笑顔は重要な役割を担う。相手の警戒心や緊張感をやわらげ、商談をスムーズにする効果がある。

ヒアリング能力
相手の話を聞き、ニーズや不満点を引き出す能力が重要。

コミュニケーション能力
どんなタイプの相手とでも、円滑なコミュニケーションがとれる能力を磨く。

意欲を示す
やる気のない営業では、相手の心も動かない。なぜこの商品を勧めるのか、どんなメリットを相手に与えられるのか、提案には熱意をこめよう。

自分のスタイルを確立
自分の長所と短所を考えて、自分なりの営業スタイルを確立する。

STEP UP!!

先輩・上司に学ぶ 営業力強化・実践編

質問への対応の姿勢も重要

必要な商品知識は常に最新の状態をキープすることが大切。その場で答えられなかった質問は、持ち帰って早急に調べてお答えすることで、相手からの信頼が深まります。

（証券・営業／30代・女性）

話を聞いて相手を知ること

交渉では、まず相手を知りましょう。そのため、訪問前に相手について調べ、訪問時にしっかり話を聞くこと。相手の立場になって考えれば、交渉のポイントが見えてきます。

（広告・企画／40代・男性）

STEP 2 ヒアリングをマスターする

相手のニーズを的確に汲みとり、業績アップへ

「営業」と聞くと、バイタリティあふれる売り込みをイメージしがちです。しかし、どんなに魅力的な商品を用意したとしても、相手のニーズにマッチしなければ契約に結びつけることはできません。もちろん商品をアピールすることは必要ですが、それ以前に相手の要望やニーズを的確に汲みとる「ヒアリング」が、営業には大事なのです。

ヒアリングのポイント

アイコンタクト

話を聞くときは、相手の目を見るのが基本。ただし、ずっと見つめ続けると威圧感を与えるので、目と目とネクタイの結び目をつないだ三角形を見るようにする。

うなずく、相づちを打つ

ただ耳をすませて聞いているだけではなく、「関心を持って聞いています」ということを示すために、うなずいたり、「なるほど」などの相づちを打とう。話の腰を折らずに最後まで積極的に聞く。

メモを取る

話の重要なポイントをメモすることで、相手も安心する。さらに、そのポイントを復唱するとよい。

質問する

疑問点があれば、その場できちんと確認をしよう。質問によって相手から具体的な意見を引き出せたり、話が発展するというメリットもある。

相づちのフレーズ

- ●一般的 「はい」「ええ」
- ●肯定する 「なるほど」「そうですね」
- ●共感を示す 「私もそう思います」
- ●感心したとき 「すごいですね」「本当ですか！」

交渉力アップ　2

雑談力

何気ない会話で相手との距離を近づける

営業で初対面の人と面談する場合、相手は話の内容や相手の人柄などを見定めようとしています。「雑談」は、そうした緊張感や警戒心をゆるめ、こちらの提案や商品説明を抵抗なく聞いてもらうための潤滑油です。相手との距離を縮める「雑談力」を身につけましょう。

STEP 1　雑談の意味とルールを知る

雑談の意味とは？

「雑談」とは、その商談に直接関係のない世間話のことです。人は未知の相手に対しては警戒心を持ち、緊張します。その状態のまま商談に入っても、会話はぎこちなく、こちらの提案が相手の心の壁を越えるのは難しい状態です。そこで、雑談です。最初のあいさつのときに軽く雑談を交わすだけで、人の警戒心のレベルはグンと下がります。上手な雑談で、円滑な人間関係を築いていきましょう。

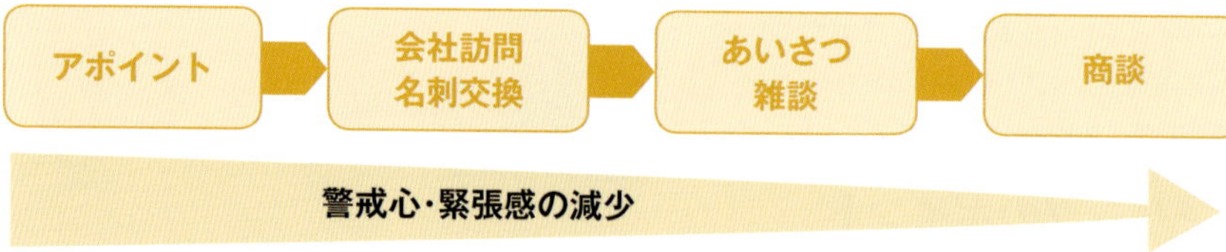

雑談のルール

1｜世間話を

雑談は、お互いがリラックスするための会話なので、内容は仕事に関係のない世間一般の話題や身近なものについての話でかまわない。

2｜議論にしない

雑談をする際は議論や反論を避け、お互いに肯定できる話題にする。一度「そうだね」と言い合うと、お互いの距離はぐっと縮まる。

3｜結論は不要

コミュニケーションのウオーミングアップが目的なので、結論は必要ない。「では、そろそろ……」などのフレーズから、本題に入ろう。

STEP UP!!

先輩・上司に学ぶ　雑談力強化・実践編

教えてくださいという姿勢で

広く浅くいろいろな知識をつけ、初めのうちは「教えてください」というスタンスで雑談すると、いろいろな話を聞くことができて、知識が深くなっていきます。

（メーカー・営業／30代・男性）

相手に合わせた情報収集も

年配の方と合う機会が多いのですが、雑談でもテレビの話などは通じにくいですね。新聞や経済誌などを読んで情報収集し、お客様の話題についていけるようにしています。

（食品・営業／20代・女性）

STEP 2　雑談ネタをストックして、雑談力アップ！

雑談ネタの探し方

STEP 1でも触れたように、雑談の話題は、「仕事とは関係なく」「無難なもの」がいいのです。何を話せばいいのか戸惑うこともあるかと思いますが、以下のようなポイントから、自分なりの雑談ネタのストックを作っておきましょう。相手に合わせて使い分けられればベストです。

NGネタ

宗教に関する話題／政治・政党に関する話題／不景気に関する話題／相手のライバル企業の話題／学歴に関する話題／自慢話／会社や人の陰口

ずいぶん暖かくなりましたね
毎朝犬と散歩しているんですが……
犬好きか
いいやつかも

気候・季節

「暖かくなってきましたね」
「今年はもう、お花見はされましたか？」

相手先企業の話題

「先日発売された新製品、おいしいですね！」
「今年、創業50周年ですね」
「御社の社長がテレビで取り上げられていましたね」

名刺

「お名前はなんとお読みすればよろしいでしょう？」
「珍しいお名前ですね。ご出身はどちらですか？」
「素敵なお名前ですね」

スポーツ

「○○が金メダルですね」
「試合はご覧になりましたか？」
「先日、友人に誘われて初めて○○したんですが……」

相手の所在地周辺の話題

「この近くのカレー屋さんにランチでよく来ます」
「桜並木が見事ですね！」
「坂の多い街ですね」

明るいニュース

「○○新幹線が開通ですね」
「日本の実質成長率が上がってきたそうですね」
「GWは8連休ですね」
「○○が人気らしいですね」

相手の身なり

「おしゃれなデザインのネクタイですね」
「そのストラップは○○のものですね」
「その時計は○○ですか？私も憧れているのですよ」

交渉力アップ　3

プレゼン力

お客様のハートをつかむ
プレゼン力を身につける

プレゼン(プレゼンテーション)は、自社の商品・サービスをアピールし、取引先に契約を促す、営業活動の中でも重要な位置を占めるイベントです。プレゼンを成功させるのに大切なのが、事前の準備とプレゼンターのテクニック。営業以外の場面でも役立つスキルを身につけましょう。

STEP 1　徹底した準備がプレゼンを成功に導く

プレゼン実施までの流れ

1｜準備作業

まずプレゼンの目的をはっきり定める。「意思決定」や「情報伝達」などの目的に合わせて、アピールするポイントを決め、プレゼンの構成を考えよう。意思決定のキーパーソンなど、聞き手の分析を行って戦略を立てるのも有効な方法といえる。

2｜資料の作成

プレゼンの構成に従ってレジュメを作成し、同時に伝えたいポイントを簡潔にまとめた資料を作成する。プレゼン時にプロジェクターで投影する資料については、できる限り図表を使って「ビジュアル化」を行おう。

3｜リハーサル

作成したレジュメと資料を使って、リハーサルを行う。できれば複数の人に聞いてもらい、レジュメや資料、話し方などをチェックして修正しよう。人前でのプレゼンは誰もが最初は緊張するもの。リハーサルを繰り返して自信を持つことが、成功のカギとなる。

4｜プレゼン実施

1～3で用意した内容をいかに上手に伝えられるかがポイントになる。きちんとした服装や笑顔、聞き取りやすく熱意の伝わる話し方やジェスチャーになるよう気を配ろう。

プレゼンでは、お客様の前でいかにアピールするかという部分に意識が向かいがちですが、その前に徹底した準備がなければ「成功」はあり得ません。事前準備なしのプレゼンでは、相手の心には響かないのです。主張するポイントの選定や論理構成、伝わりやすい資料の作成、リハーサルなど、しっかりした準備で自信を持って臨みましょう。

プレゼンテーションの流れ

①プレゼンターのあいさつ・自己紹介
②これから何を説明するか、目的・結論などを提示
③本題
　ⓐ主文：主張のポイント
　ⓑ現状：状況の分析(数値化)
　ⓒ問題点：状況から導き出す
　ⓓ提案：解決方法の提示
　ⓔ計画：具体的計画を提示
　ⓕ結び：主張を繰り返す
④終了のあいさつ

L04

STEP UP!!

先輩・上司に学ぶ プレゼン力強化・実践編

話すときの態度も重要

相手の目を見て、胸を張って話す。話を聞くときも同様に。話すときに自信がないような態度だと、お客様の側に不安感、不信感を持たれることもあるので気をつけている。

（住宅販売・営業／30代・男性）

話す順序に気をつける

まずは、結論から話すようにしている。後は順序よく結論にいたるまでのロジックを話していく。論旨があやふやにならず、また簡潔に話すことで無駄な時間がかからない。

（証券・営業／40代・男性）

STEP 2 プレゼンを成功に導くテクニックがある

プレゼン実施時のテクニック

すばらしい商品やサービスを持っていても、そのよさを相手に伝えられなければないのと同じです。自分が伝えたいことを、しっかり相手に伝えるのがプレゼンの本質。プレゼンのテクニックは、社内での会議や人事面接など、さまざまな場面で役立ちます。

熱意を持って行う
プレゼンターが熱意を持って話していれば、その熱は聞き手にも伝わる。熱意が伝わる話し方や身ぶりを心がけよう。

発声
全員に聞こえる大きさで、はっきりと聞き取りやすい発声を心がける。

笑顔
笑顔の効果は想像以上に大きい。プレゼンターが微笑むことで、聞く側もつられて笑顔になり、警戒心が薄くなる。

アイコンタクト
目を見て話すことで相手も集中して聞いてくれる。話に同調してくれている人を見つけて5秒ほど目を合わせ、次の人に視線を移す。一対一で話している感覚で、多くの人とアイコンタクトを取る。

聞き手を肯定する
肯定された人は、相手を肯定するようになる。聞き手からの厳しい質問に対しても、まず肯定してから回答する。

話し方
ポイントは、大きくゆっくりと。内容に合わせて、大きさや高低を変えてメリハリをつける。

姿勢
背筋を伸ばし、リラックスした姿勢を心がけることで自信を感じさせ、相手に安心感を与えられる。

ジェスチャー
手の動きも聞き手の印象を変える。たとえば、もみ手は自信のなさを印象づけ、腕を組むと聞き手との間に壁を作ってしまう。話に合わせて、のびのびした動きをすると話の内容も伝わりやすい。

無意味な言葉を避ける
「え〜」「あの〜」「ということで」など、話の間を埋めるために発してしまいがちな無意味な言葉は避ける。話が聞き取りにくくなり、プレゼンターへの信頼感が薄れる。

監修　ANAビジネスソリューション株式会社

ANAグループが培ってきた豊富な知識と経験、ノウハウをもとに、ANAのインストラクター経験者を中心とした講師陣で公開講座、講師派遣を展開。主な研修プログラムには、客室乗務員、整備士の教育訓練をベースとした「接遇&マナー」や「ヒューマンエラー対策」、「ブレークスルー・コミュニケーション」などがある。

http://www.anakenshu.com/

本文デザイン	東京ピストル（加藤賢策、吉田朋史）、多田佳代
本文イラスト	内山弘隆
カバーデザイン	松倉浩
カバーイラスト	村林タカノブ
取材・文	アーク・コミュニケーションズ（谷岡幸恵）、小川真理子、渡辺誠児、小久保よしの
DTP	多田佳代
編集	アーク・コミュニケーションズ（谷岡幸恵）
企画・編集	成美堂出版編集部（森 香織、斉田麻理子）

【図解】これで仕事がうまくいく! ビジネスマナーの基本ルール

監　修　ANA（エーエヌエー）ビジネスソリューション株式会社
発行者　深見公子
発行所　成美堂出版
〒162-8445　東京都新宿区新小川町1-7
電話(03)5206-8151　FAX(03)5206-8159
印　刷　広研印刷株式会社

ISBN978-4-415-31015-2
落丁・乱丁などの不良本はお取り替えします
定価はカバーに表示してあります